ERNEST DAUDET

Mes Chroniques
de 1915 et 1916

PAGES D'HISTOIRE EN MARGE DE LA GUERRE

TROISIÈME ÉDITION

ATTINGER FRÈRES, ÉDITEURS

PARIS | NEUCHATEL
30, Boulevard St-Michel | 7, Place A.-M. Piaget

LIBRAIRIE ATTINGER FRÈRES, 30, BOUL. SAINT-MICHEL, PARIS

Majoration TEMPORAIRE — **50 centimes en sus du prix marqué**

(Décision du Syndicat des Éditeurs du 27 Juin 1917.)

Mes Chroniques de 1915 et 1916

PAGES D'HISTOIRE EN MARGE DE LA GUERRE

ERNEST DAUDET

Mes Chroniques de 1915 et 1916

PAGES D'HISTOIRE EN MARGE DE LA GUERRE

TROISIÈME ÉDITION

ATTINGER FRÈRES, ÉDITEURS

PARIS | NEUCHATEL
30, Boulevard St-Michel | 7, Place A.-M. Piaget

AVERTISSEMENT

Parmi les chroniques que, depuis les débuts de
la guerre, j'ai publiées dans les journaux auxquels j'ai l'honneur de collaborer, il en est un
certain nombre qui ne sont pas seulement les
réflexions d'un observateur sur les événements,
mais qui, par leur caractère épisodique ou par ce
qu'elles doivent d'intérêt à des papiers d'État, à
des souvenirs personnels ou à des communications
bienveillantes constituent au plus haut degré des
pages d'histoire.

Il m'a paru qu'à ce titre, elles méritaient de
n'être pas entièrement vouées à l'oubli et c'est ce

qui m'a décidé à les réunir dans ce volume. Je le présente au lecteur avec la conviction qu'il lui offrira quelque attrait, tout en éclairant plus ou moins les chemins dans lesquels devront s'engager les futurs historiens des jours tragiques que nous vivons quand ils entreprendront d'en décrire les péripéties.

E. D.

Folie héroïque

20 avril 1915.

Au commencement du mois de février 1871,
les armées allemandes victorieuses investis-
saient Paris ; elles occupaient les communes de
la banlieue et même certains forts, notamment
celui de Romainville. Un armistice ayant été
conclu entre les belligérants en vue de l'élec-
tion d'une Assemblée nationale qui aurait à
décider de la continuation de la guerre ou de la
conclusion de la paix, les hostilités avaient été
suspendues, mais non sans laisser les vaincus
aux prises avec les exigences souvent humi-
liantes des vainqueurs. Il en résultait parmi les

troupes retenues dans Paris et parmi la garde nationale beaucoup d'exaltation et d'irritabilité. On a dit avec raison qu'en ce temps-là, les têtes ont été en grand nombre plus ou moins troublées et détraquées par les souffrances du siège et les amertumes de la défaite.

Or, dans la soirée du 7 février, le lieutenant-colonel Minot, commandant la réserve d'artillerie du 1er corps d'armée de Paris, reçut l'ordre de former un détachement qui devait être rendu le lendemain au Champ de Mars, à onze heures du matin, pour y prendre du matériel de 12 et le conduire au fort de Romainville, où il serait remis aux autorités militaires allemandes. Cet ordre, d'une exécution pénible pour les hommes qui devaient en être chargés, portait en outre que le détachement serait commandé par un capitaine. C'était la première fois qu'un service de ce genre était ordonné dans la réserve d'artillerie du 1er corps. Le lieutenant-colonel Minot s'étant rendu compte que c'était là une corvée d'un caractère particulièrement douloureux, désigna pour l'exécuter le moins ancien des capitaines présents, le capitaine Albéric-Napoléon Dubois.

N'ayant dépassé que depuis peu sa trentième année, ce jeune officier était le fils d'un

coiffeur d'Angers. D'abord boursier au lycée de
cette ville, puis à celui de Nantes, reçu en 1858
bachelier ès-sciences à Rennes, il était entré en
bon rang à l'École polytechnique. Après y avoir
marqué par ses études, il avait été admis, à sa
sortie en 1861, dans l'artillerie de la marine.
Envoyé en qualité de sous-lieutenant en Cochin-
chine, il y était resté jusqu'en juin 1865. Il avait
alors donné sa démission en alléguant que la
carrière des armes ne lui assurant pas les satis-
factions qu'il en attendait, il préférait entrer
dans l'industrie.

A dater de ce moment, il disparaît des cadres
de l'armée et n'y reparaît qu'en septembre 1870,
au début de la guerre. Ardemment patriote, il
a demandé et obtenu d'être rappelé à l'activité
et a été réintégré comme lieutenant d'artillerie
dans l'armée de Paris. Ce qu'il a été dans cet
emploi se trouve en quelque sorte résumé dans
les lignes suivantes extraites du rapport consacré par le lieutenant-colonel Minot à l'épisode que nous racontons :

« Depuis la bataille de la Marne, j'avais conçu
une grande estime pour le capitaine Dubois, qui
avait donné dans sa batterie le plus bel exemple,
et qui depuis, se trouvant chargé, avec bien peu
d'expérience, d'un commandement fort difficile,

avait montré un zèle et un dévouement de tous les instants. »

Sur sa demande, au début du mois de novembre, il avait été versé dans une compagnie que commandait le capitaine Solier, son camarade de promotion et son ami. Cet officier ayant été blessé le 2 décembre, Dubois le remplaça. Dans ce rôle comme sur le champ de bataille, « il se conduit d'une manière exceptionnelle ». Sa conduite lui vaut d'être confirmé dans son grade de capitaine et d'être prévenu que, dans un avenir très rapproché, il sera décoré de la Légion d'honneur.

Mais s'il récolte ainsi des joies de carrière, il n'en est pas moins cruellement impressionné par les revers de la France. Ses chefs qui le voient tous les jours, ses amis, les personnes qui le fréquentent constatent qu'il ne s'en console pas. Son langage en fait foi et ses yeux expriment sa douleur patriotique.

Tel est l'homme à qui ordre est donné à l'improviste de remplir auprès des Prussiens une mission contre laquelle, à peine averti de la tâche qu'on lui impose, il se révolte à la grande et pénible surprise du lieutenant-colonel Minot qui jusqu'à ce jour n'a eu que des compliments à lui faire et que du bien à dire de lui. Au reçu de cet ordre, le capitaine Dubois vient trouver son chef et lui déclare « avec beaucoup d'animation, mais en même temps de la façon la plus respectueuse, qu'il ne peut remplir la mission dont on vient de le charger ». Il ajoute que « servant à titre auxiliaire, il considère qu'on ne doit pas le faire concourir à ce genre de service ».

Son chef se récrie et proteste :

— Vos obligations militaires ne diffèrent en rien de celles de vos camarades, lui dit-il, et jusqu'à la fin de la guerre, vous devez vous soumettre aux ordres de vos chefs, quelque pénible que vous en paraisse l'exécution.

Mais c'est en vain que le lieutenant-colonel s'efforce de ramener son subordonné à un juste sentiment de son devoir ; c'est en vain qu'il lui adresse les exhortations les plus affectueuses et se livre à tous les raisonnements que lui suggère son désir de le convaincre; il se heurte à une barre de fer. Avec autant de douceur que de netteté, le capitaine ne cesse de répéter qu'il ne peut faire et ne fera pas ce qu'on attend de lui.

Son chef renonce alors à poursuivre sa tentative :

— C'est bien, retirez-vous, ordonne-t-il, et demain si vous n'avez pas changé d'avis, faites-moi connaître par écrit votre refus d'obéir.

Ce même soir, en prévision d'un refus définitif, un autre capitaine est désigné pour conduire
le détachement à Romainville.

Le lendemain matin, à dix heures, le lieu-
nant-colonel Minot, n'ayant rien reçu de son
subordonné révolté, se décide à prévenir de ce
qui se passe le général Frébault, commandant
l'artillerie du 1er corps d'armée. Mais en se rendant chez le général, il passe devant le domicile
du capitaine Dubois ; il s'y arrête pour tenter un
dernier effort auprès de ce jeune homme qu'il
plaint plus qu'il ne le blâme et que peut-être,
dans le fond de son cœur, il admire. Il le trouve
couché, malade, brisé par une nuit d'insomnie.
En voyant son colonel, le capitaine se lève, très
calme en apparence, et garde un silence respectueux, en attendant ce qui va lui être dit.

De nouveau, le colonel l'adjure d'obéir.

— Votre conduite en cette circonstance est
singulièrement blessante pour vos camarades,
ajoute-t-il, et elle ne peut que me faire regretter
mes exhortations affectueuses d'hier.

Le capitaine Dubois paraît violemment ému,
mais continue à se taire.

— Oui ou non, voulez-vous obéir?

A cette question plus impérative que les
autres, il répond avec fermeté :

— Non, mon colonel, je ne peux pas, et, dans quelques instants, une lettre de moi vous confirmera mon refus.

La lettre est envoyée, en effet, peu après, au domicile du lieutenant-colonel. Il la trouve en revenant de chez le général Frébault, d'où il rapporte un ordre dans lequel il est dit « que le capitaine Dubois gardera les arrêts forcés jusqu'à ce qu'il ait été statué sur la suite à donner à son refus d'obéissance ».

Le lieutenant-colonel charge le chef d'escadron Dethorey de notifier cette décision au rebelle. Mais il lui recommande en même temps d'user de ménagements :

— Ne mettez pas de factionnaire à sa porte, dit-il, et laissez-lui son sabre.

Recommandations inutiles, car lorsque le chef d'escadron se présente chez le capitaine Dubois, celui-ci est absent. Il s'est rendu dans la matinée chez le général Frébault, pour lui faire part de son refus. Rentré après cette démarche à son domicile, 90, avenue de Neuilly, il en est reparti aussitôt pour Paris.

Comme le lendemain, 9 février, il n'a pas reparu, intervient, au bout de vingt-quatre heures, une seconde décision plus sévère, celle-là, que la première :

« Le général commandant l'artillerie du 1er corps inflige une punition de trente jours de prison à M. Dubois, capitaine commandant la 15e batterie du 14e régiment, pour avoir refusé de prendre le commandement d'un détachement chargé de conduire du matériel d'artillerie au fort de Romainville.

» Un ordre d'écrou est demandé à M. le général commandant la 1re division militaire pour que M. Dubois subisse sa peine dans une prison militaire de la place.

» Prière de donner les renseignements néces-saires pour rechercher M. Dubois dans le cas où cet officier n'aurait pas reparu à sa batterie. »

Cet ordre, signé du général Frébault, porte la date du 10 février, et si l'on veut se rappeler que c'est dans la soirée du 7 que le capitaine Dubois s'est rendu coupable de désobéissance, on reconnaîtra que ses chefs n'ont mis aucune hâte à le punir. C'est qu'ils ont compris tout ce qu'il y a d'exaltation patriotique dans l'âme de ce malheureux jeune homme et qu'ils ont espéré qu'elle céderait au raisonnement. Sans doute aussi considèrent-ils que sa résistance le rend plus digne de compassion que passible de blâme, car si son patriotisme exaspéré la lui suggère avec une force invincible, on ne peut

douter que sa conscience lui fait entendre qu'il
se rend coupable d'indiscipline et manque à ses
devoirs de soldat. Mais, en dépit de leur longa-
nimité et de la haute estime en laquelle ils le
tiennent, sa faute ne saurait rester impunie et,
puisqu'il n'a manifesté ni regret ni repentir, il
doit être frappé.

Cependant, on se demandait ce qu'il était
devenu. Depuis l'après-midi du 8, personne ne
l'avait rencontré, si ce n'est un de ses camarades, qui, l'ayant aperçu sur une impériale d'om-
nibus, n'avait pu qu'échanger avec lui un salut
amical. A son domicile, rien n'indiquait qu'il
n'y reviendrait pas ; il n'y avait pas laissé de
lettre ; son revolver était resté sur une table.
En sortant, il n'avait donné d'ordres ni en vue
d'une absence prolongée, ni en vue d'un retour
immédiat. Enfin, aucun de ses amis n'avait reçu
de lui de confidences. On en était réduit à laisser à la police militaire de la place de Paris le
soin de le rechercher.

Brusquement, dans la soirée du 10, l'état-
major de l'artillerie du 1er corps faisait savoir
au lieutenant-colonel Minot que, pendant la nuit
du 8 au 9, un officier descendu dans un hôtel,
16, rue du Faubourg-Montmartre, s'était brûlé
la cervelle dans la chambre qu'il occupait et

qu'il avait été reconnu pour être le capitaine Dubois. On courait aussitôt à l'adresse indiquée, où l'on pouvait constater que le malheureux, après avoir acheté un revolver pour remplacer le sien resté chez lui, s'était donné la mort en appliquant l'arme sur son front.

En ce qui touche les angoisses qui l'avaient conduit à cette fin tragique, les détails manquent. On ne peut que se les figurer puisqu'il n'avait fait de confidences à personne ni verbalement ni par écrit. Ce drame doit donc se résumer ainsi : le capitaine Dubois plutôt que d'exécuter l'ordre qui lui avait été donné, a préféré mourir.

Dans le rapport d'où sont tirés ces détails, le lieutenant-colonel Minot écrivait :

« Il est profondément à regretter qu'un officier aussi honorable, dans un moment d'exaltation sans doute et par suite d'une fausse appréciation des choses, se soit laissé entraîner à un pareil acte de désespoir. »

D'autre part, dans son dossier conservé aux archives administratives du ministère de la Guerre, on lit à la suite de la mention du décès :

« On ne peut attribuer qu'à un moment d'exaltation le suicide de cet officier très honorable, qui s'était distingué sous le feu de l'ennemi d'une façon tout à fait exceptionnelle. »

Ces hommages me dispensent de rien ajouter à un événement qui méritait d'être tiré de l'oubli et qui se passe de commentaires. J'ajouterai seulement que le corps de l'infortuné capitaine ayant été rendu à sa famille, les obsèques religieuses furent célébrées à Saint-Germain-l'Auxerrois, le 12 février. Le capitaine Albéric-Napoléon Dubois repose au Père-Lachaise et l'on peut dire de sa tombe que c'est celle d'un vaillant soldat possédé de la folie héroïque.

Un souvenir de Jaurès

2 mai 1915.

C'était il y a quelques années au cours de
l'été. J'arrivais à Contrexéville pour y faire ma
cure annuelle. Lorsque ma toilette bâclée, j'en-
trai dans la salle du restaurant où je devais
dîner, j'aperçus à une table voisine de la mienne
M. Thomson, l'ancien ministre, et Mme Thomson, et assis en face d'eux le député Jaurès. Au
cours de saisons précédentes, à la faveur des
occasions de rapprochement qui caractérisent
les séjours dans les villes d'eaux, je m'étais lié
avec les premiers ; ils m'avaient témoigné une
cordialité à laquelle j'avais répondu, oublieux,

on peut le croire, de la différence de nos opinions, et si bien que tous les ans, nous nous
retrouvions avec plaisir autour de la source.
Mais, Jaurès m'était inconnu, ou pour mieux
dire nous ne nous étions jamais rencontrés.

Cependant, en me voyant, M. Thomson s'était
levé ; il venait à moi jovial et accueillant et
lorsque j'eus salué sa femme, il me désigna le
député son convive en me disant :

— Vous connaissez monsieur Jaurès, n'est-ce
pas ?

Je m'inclinai ; Jaurès se souleva silencieu-
sement et ce fut tout. La rencontre était plutôt
réfrigérante et je gagnai ma table avec le sentiment que nos relations en resteraient là.

Durant les jours suivants, mes prévisions
parurent devoir se réaliser. Lorsque sous la
galerie ou dans le parc, je me promenais avec
M. Thomson, si Jaurès nous surprenait ensemble, il tournait les talons et de même, si son collègue, avec qui il marchait presque toujours,
m'arrêtait dans ma promenade, il s'éloignait,
d'où je devais conclure qu'il ne désirait pas
frayer avec moi. Mais bientôt après, M. et
Mme Thomson étant partis, il se trouva seul. Il
venait à Contrexéville pour la première fois ; il
n'y connaissait personne ; les buveurs se le dési-

gnaient, mais ne lui parlaient pas, et sa cure s'effectuait dans un complet isolement. Quand nous passions à côté l'un de l'autre, lui toujours solitaire, moi au milieu de vieux habitués des eaux, nous échangions un coup de chapeau et c'était tout.

Un matin, obéissant à un élan spontané auquel se mêlaient un peu de pitié pour l'abandon dont il était l'objet et peut-être aussi la curiosité de mieux connaître ce politicien qui faisait tant parler de lui, je l'approchai, la main tendue.

— Eh bien, monsieur Jaurès, comment les eaux vous traitent-elles?

Il parut surpris, mais sa main tomba dans la mienne, et négligeant de répondre à ma question, il me dit, un sourire railleur sur les lèvres :

— Je croyais que vous ne vouliez pas me parler?

— Je vous attribuais la même intention vis-à-vis de moi, répondis-je. Mais je serai toujours enchanté de faire les cent pas avec vous.

Tant que dura sa cure, nous ne cessâmes plus de nous aborder et je dois dire que nos relations devinrent promptement cordiales. Ancien normalien, ce grand chef du parti socialiste possédait une vaste érudition et témoignait dans ses propos d'une culture d'esprit qui les rendait instructifs et agréables. Il avait beaucoup lu ; il admirait mon frère Alphonse Daudet ; il connaissait mes travaux historiques et s'il n'en acceptait pas toutes les conclusions, il rendait hommage à leur sincérité et à leurs révélations. Sur ces sujets, sur d'autres encore, il était intarissable et semblait heureux de pouvoir se livrer à des conversations purement académiques. Il me taquinait sur certains dires de mes études d'histoire, notamment en ce qui concerne la reine Marie-Antoinette que j'ai toujours défendue contre des calomnies idiotes et infâmes. Mais, il écoutait avec attention mes répliques et quand je lui citais les pièces d'archives que j'avais découvertes et d'après lesquelles s'était formée mon opinion, il s'inclinait.

Plus d'une fois, il m'a dit :

— Vous avez peut-être raison.

Comment ne lui aurais-je pas su gré de sa bonne grâce?

La politique du jour restait étrangère à nos entretiens. Cependant, une fois, il y fut fait allusion et j'ai noté un mot de lui qui mérite d'être retenu comme un trait de caractère et comme une preuve de bonne foi. Je ne me souviens plus comment j'avais été amené à lui raconter mes relations d'autrefois courtes et accidentelles avec Eugène Pelletan, le père, député à l'Assemblée nationale, homme excellent qui, sous une mine quasi-farouche à certains jours, cachait un cœur honnête et loyal, naturellement porté à la bienveillance. A la suite d'un article écrit par moi sur l'un de ses livres, il m'avait abordé dans les couloirs de la Chambre pour me remercier et dans notre conversation, m'exprimant le regret que je n'appartinsse pas à son parti, il m'avait dit :

— Vous avez été contaminé par les salons.

Amusé par cette allusion à mes fréquentations mondaines, j'avais fait remarquer à mon aimable interlocuteur que dans quelques-uns des salons où j'étais reçu, je rencontrais souvent plusieurs de ses amis politiques : Gambetta, Jules Ferry, Naquet, Antonin Proust.

— Vous ne direz pas que ceux-là sont contaminés, avais-je ajouté. Du reste, si je le suis, M. Thiers l'est aussi ; et cependant vous le soutenez.

Et lui de me répondre :

— Oh ! M. Thiers est actuellement pour nous un cheval de renfort, et les chevaux de renfort, on les dételle quand on a gravi la côte.

Lorsque bien des années après, je racontai

ce petit épisode à Jaurès, il resta rêveur la durée d'une minute ; ensuite il observa avec gravité :

— Un leader politique est toujours un cheval de renfort pour quelqu'un.

J'eus l'impression qu'il s'appliquait à lui-même cette remarque et je n'en doutai plus lorsque, sans autre transition, il compléta sa pensée en disant :

— D'ailleurs, ceci importe peu pour quiconque consacre sa vie au succès d'une grande cause.

Je me rappelle encore lui avoir répété cette boutade que longtemps avant, avait laissé échapper un jour l'écrivain Auguste Vacquerie à une table amie où j'étais assis en face de lui. On parlait de l'Alsace-Lorraine. Quelqu'un ayant émis l'opinion que le général qui nous rendrait nos provinces perdues serait le maître de la France et des destinées de la République, Vacquerie s'était écrié en riant :

— Aussi, après l'avoir acclamé, faudrait-il le mettre à mort, le fusiller sous l'Arc de Triomphe de l'Etoile.

— Voilà une plaisanterie de bien mauvais goût, me dit Jaurès en haussant les épaules, lorsque je lui fis part de ce trait.

On peut voir par ce qui précède avec quelle rapidité nos rapports étaient devenus cordiaux. Cependant lorsque sa cure achevée, il partit, il ne nous vint pas à l'idée de nous promettre de leur donner une suite immédiate. Nous avions trop, l'un et l'autre, l'expérience de la vie de Paris pour croire à la possibilité de nous retrouver, alors que vous vivions dans des milieux si différents.

— A l'an prochain si vous revenez.

Nous nous séparâmes sur ce mot.

Quelques semaines plus tard, un dimanche matin, le hasard nous mit en présence dans la grande rue de Passy. Nous marchâmes quelques instants ensemble en causant amicalement comme à Contrexéville. Je quittai Jaurès à quelques pas de l'église. En m'éloignant je le vis stationner devant la porte du temple, les yeux fixés sur la foule qui sortait de la grand'-messe. J'eus vite fait de comprendre que sa femme et sa fille y avaient assisté et qu'il était venu les y chercher. Ce fut notre dernière rencontre.

La mort d'Albéric Magnard

Avril 1915.

Au mois de septembre 1914, nous apprenions avec stupeur que le compositeur Albéric Magnard avait péri à Baron, dans le département de l'Oise, en défendant sa demeure, le Manoir des Fontaines, contre les troupes allemandes qui marchaient alors sur Paris. Mais jusqu'à aujourd'hui, les circonstances de ce drame ne nous étaient qu'imparfaitement connues. Je dois à des informations provenant de la source la plus autorisée, de pouvoir les faire revivre avec une rigoureuse exactitude. Elles révèlent chez cette victime des barbares une

exaltation patriotique, dont les conséquences
méritent de figurer dans l'histoire de la guerre
actuelle. Aussi, ai-je considéré comme un devoir
d'en présenter le tableau, en attendant que les
peintres des péripéties de ces jours tragiques le
reconstituent en l'ornant de la magie des couleurs et dans le cadre émouvant où le drame
s'est déroulé.

Au moment où Albéric Magnard s'est ense-
veli dans le linceul d'une mort glorieuse, il
venait d'atteindre sa quarante-neuvième année.
Il était le fils de feu mon vieil ami Francis
Magnard qui fut, durant de longues années, le
directeur du *Figaro*, où il était entré comme
simple rédacteur peu après la fondation de ce
journal par Hippolyte de Villemessant. Entre
Francis Magnard et moi ont existé, tant qu'il
vécut, les relations les plus amicales, et c'est à
son foyer que j'avais connu son fils encore
enfant. Depuis, je l'avais perdu de vue ; je ne
savais de lui que ce qu'en disaient les journaux
au moment où il débutait dans cette carrière
de compositeur, qu'il parcourait si brillamment,
et que son trépas a brisée alors qu'elle promettait la plus splendide floraison et allait
atteindre son plein épanouissement. Ce trépas,
indépendamment de ce qu'il a présenté d'émou-

vant, m'a ramené vers un passé où je ne pouvais puiser qu'une admiration plus vive et qu'une compassion plus ardente pour ce martyr du patriotisme, auquel il a suffi de quelques heures pour révéler dans toute sa beauté une âme héroïque.

Dès le début de la guerre, Albéric Magnard, qui avait appartenu à l'armée et l'avait quittée avec le grade de sous-lieutenant, s'était flatté de l'espoir d'être admis sur sa demande à reprendre du service. Il doutait si peu du résultat des démarches qu'il allait faire pour être réintégré dans les cadres qu'il s'était commandé un uniforme de son ancien grade. Il résidait alors à Baron, dans la délicieuse maison où toutes choses, les jardins, l'ameublement, le caractère pittoresque de la construction témoignaient de son goût artiste. Il y faisait de longs séjours avec sa famille, et c'est assurément là qu'il a passé les plus belles heures de sa vie, dans les conditions matérielles et morales les plus propices au travail.

Un matin, donc, il se rend à Senlis pour demander sa réintégration. Le colonel qui le reçoit lui répond :

— Je n'ai pas qualité pour vous admettre.

Il ne se décourage pas et poursuit ses démar-

ches à Compiègne. Mais, dans cette ville que
menace l'ennemi, tout est confusion, trouble,
désarroi, et le solliciteur ne peut même se faire
écouter. Il recourt alors à l'intermédiaire d'un
ami influent, et cette fois, il reçoit une réponse.
Mais elle n'est pas ce qu'il attend ; elle l'invite
à se présenter devant un conseil de révision.
Surpris qu'on ne lui tienne compte ni de son
âge, ni de son passé militaire, et qu'on le traite
comme un conscrit, il écrit à cet ami, à la date
du 20 août :

« Mon bon vieux, la réponse du ministère
de la Guerre m'est parvenue ce matin. Étant
prêt à partir du pied gauche, je croyais y trouver ma nomination. Quelle erreur ! Le poulet
ne contenait aucune promesse de réintégration
et m'invitait, comme un simple moutard, à aller
déposer ma culotte devant le major le plus
rapproché de ma résidence. Dans ces conditions,
je n'insiste pas. J'ai déjà reçu un accueil très
frais à Senlis, il y a trois semaines ; cela me
suffit. On reprendra l'Alsace-Lorraine sans moi. »
1 Le voilà donc condamné à se morfondre chez
ui alors qu'il avait rêvé d'aller défendre son
pays. Il ne doute pas d'ailleurs du rapide succès
des armées alliées. Mais, les événements qui se
précipitent viennent infliger un cruel démenti

à ses espérances. Le 29 août, son fils qui est allé à Senlis chercher des nouvelles revient en annonçant que, dans cette ville, tout le monde part et que l'on barricade l'entrée des rues. Les journaux qu'apporte ce jeune homme disent que les Allemands, après avoir franchi la frontière, occupent une vaste étendue de territoire, de l'Aisne aux Vosges, et marchent sur Paris. Albéric Magnard ne perd pas confiance ; il est convaincu qu'on repoussera l'ennemi et qu'on l'empêchera d'aller plus loin. Néanmoins, il fait partir sa famille, ne gardant auprès de lui que son fils. Peut-être est-ce à ce moment qu'il dit en montrant son revolver :

— Je ne les laisserai pas entrer chez moi ; il y a là dedans trois balles pour eux et une pour moi.

Le 2 septembre, dans la matinée, une partie de l'armée allemande passe à Baron. Le spectacle qu'elle présente a pour effet d'accroître l'exaltation d'Albéric Magnard. Il est déjà sur la défensive lorsque le lendemain 3 septembre, à neuf heures du matin, d'une croisée du premier étage de sa maison, il voit des soldats ennemis envahir son parc, au nombre d'une centaine, et s'installer sur la terrasse qui s'étend devant l'habitation.

En ce moment, son fils pêche dans un étang qui fait partie de la propriété. D'abord, ce jeune homme est pris de frayeur : il songe même à se jeter à la nage pour gagner l'autre rive de la Nonette, petite rivière, affluent de l'Oise, qui longe le parc. Mais, bien vite, il se ressaisit et remonte ensuite vers la maison pour rejoindre son père. En le voyant, les soldats se jettent sur lui, s'emparent de sa pêche ; ils l'attachent ensuite à un tilleul sur la terrasse. Puis, s'avançant sous les croisées de la maison, ils somment par trois fois le propriétaire de se rendre. N'obtenant pas de réponse, ils semblent se concerter lorsqu'un coup de feu part de leurs rangs : ils ont dit ensuite que c'était accidentellement. Alors, du premier étage, Albéric Magnard qui a saisi son revolver tire deux fois ; chaque coup porte et les balles abattent deux soldats que son fils voit tomber. Furieux, l'officier qui commande le détachement donne l'ordre d'exécuter des salves dans la direction de la fenêtre qui est criblée de projectiles ; en même temps, il fait apporter des bottes de paille ; on les entasse dans la cuisine ; on y met le feu au moyen de grenades et cette partie de la maison est bientôt embrasée.

Mais l'incendie tarde à gagner les autres

pièces ; les soldats en profitent pour les dévaliser avant que le feu ne les ait atteintes. Le cabinet de travail, le petit salon, la salle à manger, l'appartement du dessus sont soumis à un pillage en règle. Du tilleul où il est toujours attaché, le jeune Magnard voit les brigands charger sur un chariot des tableaux de Boucher, d'Oudry, de Drouais, de Rosalba, de Van Goyen, de Courbet, de Ribot, des tapis d'Orient, de la vieille argenterie, des fourrures, de la lingerie fine, des dentelles anciennes. Sont volés en même temps le manuscrit de *Guercœur*, opéra en trois actes, et les partitions encore inédites de douze poèmes empruntés les uns aux livres posthumes de Desbordes-Valmore et les autres aux *Bucoliques* d'André Chénier. La plus grande partie de l'œuvre du maître disparaît ainsi dans l'incendie qu'ont allumé des mains de bandits.

Le fils d'Albéric Magnard, pénétré d'horreur à la vue du désastre, attend toujours ce qui va être fait de lui. Comme il sait un peu d'allemand, il cherche à surprendre les propos des incendiaires. Tout à coup, il entend l'officier dire à ses soldats en le désignant :

— Si c'est le fils ou le beau-fils ou quelqu'un de la famille, il sera fusillé.

Ce jeune homme ne perd pas son sang-froid ;
il crie à l'officier :

— Je suis le fils du jardinier.

— Nous allons bien voir, réplique ce bourreau : allez me quérir deux témoins dans le village.

On les amène, on les met en présence du prisonnier ; il les interpelle :

—. N'est-ce pas que je suis bien le fils du
jardinier?

Ces braves gens comprennent ; ils répondent
affirmativement et leur mensonge sauve le courageux garçon qui s'est vu si près de la mort·

Ce qui s'était passé pendant ce temps dans la
chambre d'où Albéric Magnard avait tiré sur
les envahisseurs est resté ignoré, ce qui rend
le mystère de sa fin susceptible de plusieurs
interprétations. Il avait dit que dans son revolver il y avait une balle pour lui. Peut-être,
dans un accès d'exaltation, a-t-il tenu la promesse qu'il s'était faite à lui-même et s'est-il
donné la mort pour ne pas tomber aux mains
des Allemands. Mais, ce n'est qu'une suppo-
sition, car il se peut aussi que lorsqu'ils ont
tiré sur lui, il ait été mortellement atteint. Ce
qui n'est pas douteux, c'est que, lorsqu'au bout
de quatorze jours, les Allemands ayant rebroussé

chemin et disparu, Mme Albéric Magnard, en apprenant l'affreux événement qui la faisait veuve, put revenir à Baron et se mettre à la recherche du corps de son mari dans les ruines de sa maison incendiée, elle ne trouva plus que des ossements. Ces pauvres restes d'Albéric Magnard étaient ensevelis sous les décombres avec les bibelots qu'il préférait et le manuscrit de *Bérénice*, celle de ses œuvres musicales qui a le plus contribué à sa réputation.

Il semble que, parmi ceux qui l'ont connu, sa fin héroïque n'a causé aucun étonnement et que tous aient été convaincus qu'un homme comme lui, en voyant sa patrie envahie par les hordes barbares, ne pouvait mourir que les armes à la main. Il est cependant profondément regrettable qu'il ne lui ait pas été permis de marcher au combat ; il eût été à la bataille un soldat audacieux et vaillant et un admirable entraîneur d'hommes. Il dort aujourd'hui son dernier sommeil, à Baron, au seuil du Manoir des Fontaines, cette demeure qui lui était si chère et qui n'est plus que ruines.

La parole d'honneur

2 juin 1915.

Le général Leman, l'héroïque défenseur de Liége, prisonnier des Allemands depuis la prise de cette ville, a pu faire parvenir de ses nouvelles au gouvernement belge. Actuellement détenu au grand camp de prisonniers formé dans le duché de Brunswick, à Blankenbourg, petite ville célèbre dans les fastes de l'émigration par le séjour qu'y fit en 1797 Louis XVIII proscrit, il y est traité avec les égards que méritait son héroïsme, et il ne nous en coûte rien de le constater. Il peut arriver que, même chez les barbares, la vaillance dont a fait preuve un adversaire vaincu inspire au vainqueur du respect et une générosité relative. C'est ainsi, par exemple, qu'à Pola, le commandant du *Curie* et l'équipage de ce sous-marin, dont l'audacieuse équipée avait excité l'admiration de la marine autrichienne, ont été l'objet de traitements particuliers qui constituent un hommage à leur intrépidité.

Dans une certaine mesure, le général Leman a bénéficié de sentiments analogues. Le billet qu'il a écrit et qu'ont publié les journaux en fait foi. Mais, ce qui n'est pas moins précieux à retenir, c'est la fière déclaration qui s'y trouve et qui dément des bruits mis en circulation sur le compte de cet illustre soldat :

« J'ai certainement exprimé, écrit-il, mon ardent désir d'être échangé, mais en déclarant de la manière la plus formelle que jamais je ne souscrirai à la condition de ne plus servir ma patrie contre l'Allemagne dans le cours de cette guerre. »

Il résulte de ces quelques lignes que le général aurait pu recouvrer sa liberté, mais qu'il n'a pas voulu subir la condition qu'on y mettait. Sa résistance, qui lui fait honneur, n'a surpris personne ; on ne pouvait attendre moins de cette âme de héros.

Il n'est pas le seul, d'ailleurs, parmi les officiers des armées alliées prisonniers en Allemagne
qui se soit retranché dans la même attitude.
J'ignore s'il s'agissait pour ceux-là d'être rendus
à leur pays par voie d'échange. En l'absence de
renseignements précis, il ne faut parler de ces
choses qu'avec la plus grande circonspection.
Mais on m'a désigné certains de ces officiers qui,
dans leur captivité, ont renoncé à jouir d'une
liberté relative, parce qu'elle était subordonnée
à l'engagement de ne pas chercher à s'évader.
Soit qu'ils aient prévu qu'il serait au-dessus de
leurs forces de le tenir, soit qu'ils aient mis leur
honneur à ne pas séparer leur sort de celui de
leurs soldats, aucun d'eux n'a voulu promettre
de ne pas s'enfuir, s'il en trouvait les moyens.

On m'affirme, d'autre part, sans qu'il m'ait
été possible de vérifier l'exactitude de cette
information, que des officiers allemands prisonniers en France et en Angleterre n'ont pas suivi
cet exemple, Ils auraient tenté de s'évader,
malgré la parole donnée. On ne saurait s'en étonner, lorsque tant de faits qui déshonorent à
jamais l'Allemagne nous ont fourni la preuve
que son gouvernement, du plus haut au plus
bas, a érigé en principe la violation des engage-
ments les plus sacrés. La théorie du « chiffon de

papier » a fait fortune dans l'âme allemande
dont elle résume et précise la mentalité. Il ne
serait pas surprenant que des prisonniers l'eussent mise en pratique.

Pour retrouver l'équivalent de faits analogues, et encore n'est-ce qu'à l'état exceptionnel,
il faut remonter à la guerre de 1870. Au lendemain des capitulations de Sedan et de Metz,
qui livrèrent deux armées au vainqueur, il fut
donné à leurs officiers de s'assurer, en tant que
prisonniers, un traitement de faveur, en signant
le revers comme on disait alors, c'est-à-dire la
promesse sur l'honneur de ne pas se dérober à
leur captivité et de ne pas reprendre les armes
pendant la durée de la guerre. D'une manière
générale, ils refusèrent leur signature et subirent
sans se plaindre les rigueurs que leur valait ce
refus, considérant que ce n'était pas payer trop
cher l'indomptable espoir de la délivrance.
Quelques-uns s'évadèrent et vinrent à Tours
mettre leurs bras au service de leur pays.

Il y eut de ces fuites qui s'accomplirent dans
des circonstances quasi-romanesques, celle, par
exemple, de ce capitaine de dragons, mort aujourd'hui, qui, prisonnier dans une ville limi-
trophe de la Russie, parvint à franchir la frontière, fut arrêté par les autorités russes et allait

être ramené en Allemagne, lorsqu'il fut sauvé par l'intervention d'une demi-mondaine qu'il avait connue à Paris et qu'il retrouva toute-puissante chez le général de qui dépendait son sort. Mais ce fugitif, comme beaucoup d'autres, s'était évadé sans manquer à sa parole. N'ayant rien promis, il était libre de se soustraire à sa captivité, s'il le pouvait.

Ce n'était pas le cas de ceux qui, en petit nombre et pour adoucir leur sort, avaient signé le revers, dans une heure de dépression, de découragement et de faiblesse. Ils devaient à leur action de jouir d'un traitement de faveur. Mais, elle les condamnait à l'immobilité pendant la durée de la guerre. Or il arriva que cette immobilité leur devint bientôt douloureuse. Objets du blâme silencieux de leurs camarades et de leurs soldats, un peu honteux d'avoir manqué d'énergie, ils étaient rongés par le remords. Le désir de briser leur chaîne et d'aller combattre s'emparait d'eux, et si fortement qu'ils s'appliquaient à la recherche des moyens de le réaliser. Mais, à l'encontre de ce désir, se dressait dans leur conscience le souvenir de la parole d'honneur donnée verbalement et par écrit.

J'en ai connu un qui, résolu à n'y pas man-

quer, se présenta chez le gouverneur de la ville
où il résidait, et lui dit :

— Je rétracte ma parole, et je vous préviens
qu'à partir de ce soir, huit heures, je chercherai
à m'enfuir.

La déclaration était loyale. Il avait sans doute
prévu la réponse et ne dut pas être surpris d'être
incarcéré dans une forteresse. Il y fut retenu
jusqu'à la fin de la guerre ; mais sa conscience
était libérée. Il m'avoua depuis qu'il avait moins
souffert de son emprisonnement que du régime
de faveur dont il avait d'abord bénéficié.

Dans le petit nombre de ceux dont je parle,
tous ne témoignèrent pas au même degré que
lui du respect qui est dû à un engagement
d'honneur. A la faveur de la liberté qui leur
était laissée, ils s'échappèrent, rentrèrent en
France et, comme la France avait besoin du
secours de tous ses fils, ils furent promptement
employés. Mais leur fuite eut pour effet de rendre
plus rigoureuse la captivité des camarades qu'ils
avaient laissés derrière eux. D'autre part, et
pour presque tous, le souvenir de leur manquement à la parole donnée a pesé sur leur carrière,
sans que leurs qualités militaires, leur mérite
personnel, ni les circonstances atténuantes aient
pu le faire oublier. Lorsque, après la conclusion

de la paix, l'opinion eut à se prononcer, sans les désigner et uniquement au point de vue du principe, sur la question de savoir s'ils avaient eu raison, la presse française fut unanime à déclarer que rien ne peut prévaloir contre la parole d'honneur et que sa violation ne saurait se justifier, même à l'égard d'un ennemi à qui sont familières la ruse et la déloyauté.

C'est cette vérité que vient de proclamer et d'affirmer implicitement la déclaration du général Leman : vérité en deçà du Rhin, duperie au delà, voilà ce qui différencie les deux races aujourd'hui aux prises. En France, nous admirons Régulus. Aux yeux des Allemands, ce martyr de la foi jurée ne fut qu'un parfait jobard.

La folie de la Patrie

12 juin 1915.

Ce qu'il y a de plus réconfortant dans le grand spectacle qu'actuellement la France donne au monde, c'est l'admirable floraison d'héroïsme qui le caractérise. Depuis les débuts de la guerre, il n'est pas de jour qui n'ait confirmé cette vérité. Elle éclate de toutes parts ; elle monte du fond des tranchées ; elle domine les bruits infernaux des champs de bataille ; les échos des hôpitaux nous la répètent et nous pouvons en tirer cette conclusion que si partout chacun fait son devoir, ceux-là sont légion qui en poussent le culte jusqu'au sublime en en parant d'une

immortelle beauté l'accomplissement à force
d'ardeur dans la volonté patriotique du sacrifice et de l'immolation.

Au moyen âge, quand les progrès vertigineux
de la religion du Christ transformaient l'humanité, on disait de ceux, hommes et femmes, que
l'amour du divin et le souci de leur salut préci-
pitaient vers les cloîtres, qu'ils étaient possédés
de la folie de la Croix. Du plus grand nombre
de nos héroïques combattants, on peut dire
aujourd'hui qu'ils sont possédés de la folie de
la Patrie. La résolution de ne pas laisser détruire,
ni même déchoir, la terre ancestrale, de la libérer
du joug des barbares et de mettre ceux-ci dans
l'impuissance de continuer à être une menace
pour les nations, objet de leurs convoitises cri-
minelles, est le mobile et l'inspiratrice de cette
folie. Elle est devenue ainsi une chose sacrée et
rapidement contagieuse.

Historiquement parlant et sauf de rares
exceptions, qu'ont symbolisées pour la France
les premières guerres de la Révolution, le fait
est nouveau. Jamais, au même degré qu'aujourd'hui, l'amour de la Patrie n'avait suscité
un si grand nombre de sublimes dévouements,
ni donné tant de grands exemples. Les héroïsmes
du passé, quels qu'aient été leur beauté et leur

mobile, ne sauraient, quant à leur origine et dans leur ensemble, être comparés à ceux du présent. Ils ne s'alimentaient pas, si ce n'est isolément, à une source aussi féconde que celle où nous voyons boire maintenant les combattants de France et de Belgique et à laquelle leurs alliés viennent aussi s'abreuver.

Les armées de mercenaires telles qu'elles ont existé si longtemps ne représentaient pas, même quand elles combattaient pour la défense d'une cause noble et juste, ou ne représentaient qu'imparfaitement l'âme de la nation au nom de laquelle elles livraient des batailles. La nation assistait anxieuse à leurs exploits, pleurait sur leurs revers, applaudissait à leurs victoires, mais ne participait pas effectivement à leurs actes, si ce n'est dans la personne des chefs de tous grades, lesquels appartenant à la noblesse suivaient la carrière des armes en privilégiés à qui semblait réservé l'honneur de lutter et de mourir pour leur pays.

Si brillant que soit l'héritage dont ils ont enrichi le trésor de nos gloires nationales, et quelque admiration que mérite leur mémoire, on peut rappeler, sans y faire injure, que ce n'est pas la nation armée qui marchait avec eux. Elle ne manifestait son amour de la patrie que par les vœux qu'elle formait pour que le Dieu des combats assurât la victoire à nos drapeaux.

Il n'en est plus de même aujourd'hui. Les lois qui ont transformé en combattants, dans les limites d'âge qu'elles ont prévues et fixées, tous les hommes en état de porter les armes, ont eu pour effet d'exalter dans les âmes, au jour du danger, l'amour de la patrie, de le propager, de le rendre contagieux et de lui imprimer le caractère d'une folie non moins entraînante dans ses manifestations que cette folie de la Croix qui, dans les âges passés, fit des saints comme aujourd'hui la folie de la Patrie fait des héros.

L'Histoire a conservé à notre admiration, et rendus immortels les noms de Roland, de Du Guesclin, de Bayard, du chevalier d'Assas, de l'équipage du *Vengeur*, d'autres encore. C'est par centaines qu'on trouverait à cette heure dans les rangs de nos armées des imitateurs de ces glorieux ancêtres, embrasés du désir de marcher sur leurs traces, et les jeunes plus peut-être encore que les vieux.

— Plus ils sont jeunes, plus ils sont enragés, disait l'autre jour un général commandant d'armée.

Que d'exemples on pourrait invoquer propres à justifier cette remarque !

C'est l'héroïque enfant de Louis Barthou, se jetant volontairement avant d'y être obligé dans la carrière où il devait trouver la mort et répondant à ceux qui lui conseillaient d'attendre encore :

— Que dirait-on si, moi, le fils de l'auteur de la loi de trois ans, je ne partais pas?

C'est le fils d'un haut fonctionnaire colonial, qui, bien qu'à peine âgé de dix-huit ans, va s'engager dans les chasseurs d'Afrique, après avoir déclaré que s'il ne le faisait pas, « il serait déshonoré et n'oserait plus se montrer dans les rues ».

C'est encore cet autre adolescent trois fois réformé comme myope qui assiège de supplications les membres des conseils médicaux afin d'obtenir quand même « un poste périlleux » et qui, repoussé de partout à cause de son infirmité, s'enrôle comme infirmier dans un hôpital militaire où sont soignées les maladies contagieuses.

C'est enfin ce jeune lieutenant de tirailleurs indigènes, grièvement blessé à Lassigny, que j'ai vu depuis pleurer de rage parce qu'on ne le jugeait pas encore en état de retourner sur le front. Il y est à l'heure où je parle de lui. Il m'écrit : « Enfin, me voilà de nouveau à la tête de mes tirailleurs, et comme eux, ivre de joie. Nous tenons le bon bout. »

Voilà donc quels miracles a opérés dans l'âme française la folie de la patrie. Non seulement elle mérite notre admiration, mais elle justifie d'autant plus notre invincible confiance que parmi les héros qui en subissent la contagion, les jeunes figurent pour une large part, ces jeunes desquels on peut dire que ceux qui auront survécu aux hécatombes malheureusement inévitables seront les maîtres de demain, des maîtres que leur expérience, précocement acquise au prix des plus cruels sacrifices, aura suffisamment armés pour empêcher les ambitions politiciennes de compromettre les destinées de la France.

Il y a cent ans

7 juillet 1915.

Le 7 juillet 1815, vingt jours après Waterloo, les Prussiens entraient dans Paris. Jaloux de s'y montrer les premiers, ils avaient devancé les autres troupes de la coalition qui, par divers chemins, se dirigeaient vers la capitale. Elle venait de capituler et rien ne s'opposait plus à l'entrée des envahisseurs.

Il était huit heures du matin lorsque apparut la tête de colonne de l'armée de Blücher. La masse suivit et, à midi les Prussiens occupaient la rive gauche de la Seine, entre le pont Neuf et le pont d'Austerlitz, le jardin du Luxembourg, le Champ de Mars, les Champs-Elysées, la place de la Concorde, la cour du Louvre et celle des Tuileries. Dans celle-ci, deux pièces de canon avec leurs servants avaient été braquées en face du palais, sans ménagement pour l'autorité du roi de France qui allait y rentrer. Elles restèrent à cette place jusqu'à l'arrivée des souverains étrangers, qui, par déférence pour Louis XVIII, les firent enlever.

Les Parisiens s'étaient abstenus d'assister à ce défilé militaire. Contrairement à ce qui s'était passé lors de la première invasion en 1814, toutes les boutiques étaient closes, de même les portes et les croisées des maisons. En 1814, les alliés se présentaient en libérateurs, uniquement accourus, disaient-ils, pour délivrer la France et l'Europe du joug napoléonien. En 1815, les Prussiens se présentaient en ennemis, arrogants, menaçants et prêts à assouvir leurs ignobles convoitises. La population de Paris les savait animés contre la France de plus de haine que leurs alliés; aussi avait-elle fait le vide sur leur passage afin de ne donner aucun prétexte aux excès qu'elle redoutait.

Blücher, qui commandait cette armée, avait établi son quartier général à Saint-Cloud. A peine installé, il procédait à une longue et minutieuse visite des appartements impériaux qui restaient encore tels que Napoléon les avait laissés, c'est-à-dire préparés pour le recevoir s'il revenait à l'improviste, ainsi qu'il en avait l'habitude. Durant cette visite, Blücher ne dissimula pas le regret qu'il éprouvait de ne pouvoir envoyer à Berlin les richesses artistiques qui remplissaient le palais. Mais il était trop tard pour qu'il en disposât ; elles n'appartenaient plus à l'Empereur et avaient passé dans les mains de Louis XVIII, dont la présence les protégeait contre le pillage.

Quelques jours plus tard, le prince de Metternich, étant venu rejoindre à Paris les monarques alliés, alla voir Blücher à Saint-Cloud ; le Prussien lui fit les honneurs de sa résidence et, tout en parcourant les galeries, il lui dit :

— Faut-il qu'un homme soit fou pour avoir été courir à Moscou quand il avait sous la main toutes ces belles choses !

Soixante ans plus tard, le prince de Bismarck, en train de récriminer contre ses ennemis politiques, s'écriait :

— Ce sont des envieux. *L'envie en Allemagne est un vice national.*

Dès 1815, Blücher prouvait la vérité de ce jugement que la conduite infâme des Allemands d'aujourd'hui a rendu définitif et sans appel.

Trop d'historiens ont raconté ce que fut à cette époque l'occupation prussienne pour qu'il y ait lieu d'en reconstituer ici le tableau, encore qu'à l'heure où nous sommes il soit devenu d'une poignante actualité. Mais fussions-nous en paix avec l'Allemagne qu'à cent ans de distance des mémorables événements dont je rappelle l'épisode le plus significatif, les souvenirs de 1815 seraient évoqués aujourd'hui comme l'ont été, en 1912, ceux de la campagne de Russie : il est des dates historiques à l'influence desquelles on n'échappe pas. A plus forte raison, la subissons-nous dans les circonstances présentes et devient-elle plus poignante alors surtout que l'évocation de ce lointain passé donne lieu à des comparaisons entre le drame national qui se déroule sous nos yeux et celui dont furent témoins les contemporains des débuts du siècle dernier.

Ces comparaisons s'imposent à tous les esprits qui cherchent, dans l'histoire d'autrefois, des leçons pour le présent. Mais il est également vrai que, trop souvent, elles dépassent la mesure et qu'en ce qui touche notamment la guerre de 1815, nous inclinons trop facilement à croire qu'elle ne fut pas, de la part des Prussiens, moins infâme dans ses origines, dans ses causes et dans ses péripéties que celle d'aujourd'hui. Il y a là une erreur d'appréciation qu'il importe de rectifier, car si elle était maintenue, elle aboutirait à une sorte d'atténuation à l'ignominie des Allemands d'aujourd'hui.

Sans doute les atrocités commises par les ancêtres faisaient prévoir celles que commettent de nos jours les descendants. Mais la vérité oblige à reconnaître que l'invasion de 1815 avait une raison d'être qui fait complètement défaut à l'invasion actuelle. Quelques années avant, à Iéna et à Auerstaedt, nous avions infligé aux Prussiens une défaite écrasante, à la suite de laquelle, selon le mot d'Henri Heine, la Prusse n'existait plus, défaite méritée puisqu'elle était une réponse à un manquement criminel à la foi jurée. Les Allemands en avaient gardé un souvenir cruel et irritant, non moins vivace que celui qu'a laissé depuis, dans les cœurs français, la spoliation territoriale de 1871. La guerre de 1815 fut donc une guerre de revanche de la part des vaincus de 1806, et c'est pour cela qu'au regard de la postérité, elle ne les déshonore pas.

Quand on lit la correspondance du maréchal

de Moltke et les écrits de Bismarck, on mesure
dans toute son étendue ce besoin de revanche
qui, dans l'âme prussienne, survivait aux calamités nationales.

Il suffit, me semble-t-il, de rappeler ces souvenirs dans leur ensemble et sans détail pour
démontrer qu'il n'existe entre ce passé et le présent aucune similitude, si ce n'est quand on
dresse le tableau des atrocités qui sont familières
au vieux militarisme prussien. Nous n'avons
pas voulu la guerre actuelle et si nous avons pris
les armes c'est que nous avons été attaqués,
traîtreusement attaqués, d'après un plan dont
le parti militaire allemand préparait l'exécution
depuis près d'un demi-siècle et surtout depuis
l'avènement de Guillaume II. Le gouvernement
de Berlin aura beau ruser, mentir, protester
pour établir le contraire, telle est la vérité. Il
n'avait aucun motif avouable pour nous combattre.

Ce n'était même pas nécessaire pour réaliser
ses espoirs de domination universelle. De toutes
parts, ses tentacules s'étendaient sur le monde
sans rencontrer de résistance efficace, de telle
sorte que lorsqu'on étudie sa conduite, on est
amené à conclure qu'il a été aussi maladroit que
perfide et barbare. Il n'avait qu'à continuer à

maintenir la paix pour devenir avec le temps le maître de la terre.

Il est vrai que son ambition était devenue monstrueuse. Mais les nations ne paraissant pas disposées à en conjurer les suites, il a cru que tout lui était permis, et, pour hâter la réalisation de ses rêves, il s'est lancé dans la tragique aventure où il périra.

Abstenons-nous de chercher des ressemblances entre les guerres prussiennes du dix-neuvième siècle et la guerre allemande du vingtième. Ces ressemblances n'existent qu'en surface ; elles ne sont qu'une apparence qui s'efface lorsqu'on y regarde de près. D'ailleurs, en 1815 et en 1870, ce fut la guerre des rois ; en 1914, c'est celle des peuples.

La guerre
berceau de légendes

8 août 1915.

Ce n'est qu'en remontant très haut dans le passé et jusqu'aux plus lointaines sources de nos annales nationales qu'on trouverait des événements qui se prêtent autant que la guerre de 1914 à la création de légendes. Il faut entendre par ce mot les récits de faits historiques dignes de l'épopée, venus jusqu'à nous sur les ailes de la tradition, avec des détails qui les parent d'une beauté plus resplendissante et plus prestigieuse, mais que l'Histoire, impuissante à en prouver la complète exactitude, n'accepte que sous bénéfice d'inventaire, en admettant

cependant qu'ils comportent un fond considérable de vérité.

La légende, en effet, repose toujours sur un
fait réel, sans lequel elle n'existerait pas. C'est
ce qui lui donne tant de prix. Elle enrichit par
ce qu'elle contient de vrai le trésor des gloires
ancestrales, patrimoine sacré qui appartient à
tous les enfants d'un même pays ; elle témoigne
en même temps de leur respect et de leur amour
pour cet héritage. S'ils y ont ajouté, ce fut pour
en accroître la magnificence et le rendre plus
digne d'admiration.

La légende est à l'histoire ce qu'est une fleur
sauvage à la fleur cultivée. Dans les jardins de
l'histoire, elle pousse en marge des événements
sans qu'on puisse préciser où, quand, comment
elle a pris racine et quelles circonstances lui
donnèrent les couleurs brillantes et l'éclat im-
mortel dont elle reste revêtue sans que les siècles,
en passant, parviennent à les altérer. Mais tous
les faits historiques, même parmi les plus grands,
ne se prêtent pas à la légende. Pour qu'ils affectent ce caractère, il faut qu'à leur origine il y
ait eu du mystérieux et de l'inexplicable, du
surnaturel et de l'inattendu, ou encore que les
contemporains, les ayant imparfaitement connus, nous les aient transmis en des versions

dissemblables différant entre elles non dans l'ensemble mais dans les détails. Il y faut aussi à un moindre degré, sans doute, mais au moins dans une certaine mesure, le mirage de l'éloignement. Il y faut surtout l'absence d'une documentation claire, solide et précise sans laquelle toute affirmation, si positive qu'elle soit, reste plus ou moins fragile.

Dans les temps modernes et plus particulièrement de nos jours, l'Histoire, de plus en plus, fait impitoyablement litière de tout ce qui tend à dénaturer les événements, même pour les embellir, et, grâce à ses découvertes documentaires, ne permet plus que rarement à l'imagination populaire de revêtir les faits et leurs auteurs d'une parure à son gré. Elle est avant tout avide de vérité et ne recule devant aucun effort pour nous y ramener. Charles-Quint allant s'ensevelir au monastère de Yuste; François Ier, fugitif, avouant que « tout est perdu fors l'honneur »; Villars sauvant la France à Denain, voilà des événements mémorables entre tous, qui eussent été comme beaucoup d'autres d'excellents terrains pour la légende si de laborieuses recherches et une documentation abondante n'avaient permis aux historiens de nous les présenter dans la splendeur de la vérité.

On pourrait en dire autant d'une multitude de faits sensationnels et suggestifs qui sont trop connus, trop devinés, trop étudiés dans tous leurs dessous pour que, dans les relations qui les font revivre, il y ait eu place pour l'imaginatif ou le romanesque. En revanche, Clovis « s'agenouillant devant le Dieu de Clotilde », Geneviève arrêtant les barbares aux portes de Paris, Roland à Roncevaux, le combat des Trente, et combien d'autres événements illustres, plus ou moins perdus dans la nuit des temps, conserveront éternellement en raison de leur caractère épique la parure légendaire qu'ils lui doivent et sous laquelle ils nous ont été transmis.

Dans la guerre de 1914, les faits sont déjà nombreux qui nous apparaissent à nous les contemporains comme dignes de l'épopée et tout préparés pour revêtir cette parure qui contribuera à les glorifier. Nous les admirons ; ils entretiennent dans notre âme un enthousiasme égal à notre foi dans la victoire ; ils nous transportent dans une atmosphère d'héroïsme et de piété patriotique, et devant certains d'entre eux nous sommes tentés de crier au miracle. Miracle, l'énergie des chefs et la vaillance des soldats qui ont sauvé Paris, quand Paris semblait perdu ; miracle le piteux avorte-

ment de la marche allemande sur Nancy ;
miracle, l'immolation volontaire des héros de
Dixmude et de tant d'autres lieux que nos soldats ont immortalisés en les arrosant de leur
sang ; miracle, la multiplicité des témoignages
publics et privés de l'intrépidité des enfants de
France ; miracle, ce rapprochement subit de
tous les partis devant le danger de la Patrie,
cette union sacrée qui, en quelques minutes,
a substitué à une nation divisée en camps ennemis un peuple réconcilié ; miracle, enfin, l'état
moral de ce peuple où toutes les voix ont le
même accent, tous les cœurs le même batte-
ment, toutes les volontés le même but et où les
rares notes discordantes résultant d'ambitions
méprisables ou de défaillances individuelles, si
elles osaient se manifester publiquement, seraient étouffées sous la colère nationale.

Que de sujets de légende pourra cueillir la
postérité dans le spectacle que la France, depuis
un an, offre au monde ! Que d'épisodes glorieux, que d'actes personnels, touchant au
sublime, qui ne nous sont révélés qu'imparfaitement, au jour le jour, dans une sorte de confusion, seront transfigurés par l'imagination populaire si prompte à revêtir de poésie les événements épiques, comme si la seule vérité, la

vérité toute nue, si belle qu'elle soit, ne suffisait pas à ce besoin de surnaturel, de surhumain, je dirai même de miraculeux, qui dort dans l'âme des foules, besoin impérieux qui s'y réveille soudainement lorsque sonnent des heures tragiques grosses de menaces et de périls ! C'est alors qu'autour des événements qui se déroulent et pour peu qu'ils révèlent dans la patrie en danger la volonté de vaincre ou de mourir, une indomptable foi dans la victoire, une ardente soif de sacrifices, la confiance en la justice divine, c'est alors, dis-je, que commence à fleurir la légende qui embellit et immortalise mieux encore que souvent ne le pourrait l'Histoire. Ce qu'on ajoute à celle-ci ne la dépare pas et, loin d'altérer la vérité, la rend en quelque sorte plus traditionnelle, plus transmissible à la postérité.

La légende une fois créée dans l'âme nationale par un concours de circonstances mystérieuses, — elle l'est déjà pour la victoire de la Marne, pour la résistance victorieuse de Nancy et pour des faits non moins épiques, quoique de moindre envergure, — on la verra s'épanouir, telle une fleur de gloire et de beauté dont les peuples de l'avenir respireront toujours le parfum, car c'est le privilège de cette merveilleuse fleur de ne se flétrir jamais. Si, dès maintenant, les événements mémorables qui composent cette gerbe incomparable excitent notre admiration, si nos cœurs sont bouleversés par les sentiments qu'ils y raniment et par l'émoi qu'ils y jettent, si nous nous agenouillons pieusement devant tant de tombes révélatrices d'héroïsme et de foi patriotique, que sera-ce donc lorsque la patine des années aura passé sur les grands jours que nous vivons et lorsque les années auront formé des siècles?

L'Allemagne avant la guerre

7 octobre 1915.

Tel est le titre du très beau livre du baron
Beyens, qui fut ministre de Belgique à Berlin
durant les deux années qui précédèrent la
guerre. Les lecteurs de la *Revue des Deux
Mondes* ont eu la primeur de cette attachante
et suggestive étude, ou tout au moins de ses
principales parties. Après l'avoir complétée,
l'auteur lui donne, en la présentant en volume,
une plus large publicité. On ne saurait trop l'en
louer et nous-mêmes ne saurions trop nous en
féliciter. C'est, en effet, à travers des œuvres
de ce genre, où l'expérience, la compétence,

d'heureux dons d'observation et de pénétration dans l'âme d'autrui ont une égale part, qu'on peut suivre les causes du conflit tragique qui dévaste le monde, qu'on peut les préciser, de leurs origines à leurs résultats, et, sans craindre de se tromper, en imputer dès maintenant la responsabilité à ceux qui, volontairement et perfidement, l'ont encourue.

Fils d'un homme d'État dont le nom est cher à la France où, sous le second Empire et, durant plusieurs années, sous le gouvernement actuel, il représenta la Belgique, le baron Beyens, lorsqu'il alla occuper le poste de Berlin, avait déjà fourni une brillante carrière diplomatique. Il reçut dans la capitale allemande l'accueil auquel lui donnaient droit ses services et ses mérites et se trouva, dès son entrée dans le monde de la Cour et dans la société berlinoise, comme aussi parmi ses collègues, à la place la plus favorable pour bien voir et pour bien entendre.

Les lecteurs des livres gris belges avaient pu déjà mesurer l'étendue, l'exactitude et la justesse de ses observations et de ses remarques. Le volume qu'il vient de publier nous en donne une preuve nouvelle et plus éclatante encore. Quand on l'a lu, on connaît à fond la Cour impé-

riale et la mentalité de ses membres. A la suite
de ce guide prudent, clairvoyant et judicieux,
on pénètre dans le milieu familial du kaiser et
dans celui des courtisans, comme dans une
galerie où des portraits peints par une main
experte et artiste alternent sur les murs avec
la somptuosité du décor. L'empereur, ses fils,
l'équipe de dignitaires et de fonctionnaires qui
s'agite autour d'eux, nous sont présentés tour à
tour dans leur attitude habituelle, celle de l'intimité, et dans leur attitude conventionnelle, celle
qu'ils affectent aux jours d'apparat.

Sur le visage de l'homme de Potsdam, qui
commande souverainement, on devine l'ambition démesurée, toujours inassouvie des Hohenzollern et l'esprit de perfidie et de ruse qui constitue la tare ancestrale de leur descendant.
« Quand on le quitte, observe le baron Beyens,
on se prend à douter de la sincérité de ce dan-
gereux causeur. On se demande avec une certaine anxiété si l'on n'a pas eu devant soi, au
lieu d'un homme convaincu, l'acteur le plus
impressionnant qui ait paru sur la scène politique contemporaine. »

Si du sommet sur lequel il trône, on descend
aux degrés inférieurs où s'étagent dans le cadre
d'une hiérarchie rigoureuse les nombreux per-

sonnages que l'excès de son autorité condamne à l'obéissance servile dont doit se faire un devoir quiconque veut lui plaire, il est aisé de découvrir sous les figures façonnées à l'hypocrisie les ravages moraux causés par l'esprit de haine déchaîné contre les gouvernements et les peuples accusés ou soupçonnés de ne vouloir pas se plier à l'hégémonie allemande et par la jalousie et l'envie qui, de l'aveu même du prince de Bismarck, ont été de tous temps le vice national prussien.

Peut-être en cela, la Cour de Berlin ne diffère-t-elle pas de beaucoup d'autres dont l'histoire nous a transmis le souvenir. Mais il n'est pas douteux que certains vices traditionnels qui, dans le passé, ont été communs à toutes, se sont perpétués en Allemagne et y ont subi du fait du despotisme impérial, de l'esprit de caste et du prestige que s'est assuré le parti militaire, un développement visible et tangible qui, depuis l'avènement de Guillaume II, s'est progressivement manifesté dans tout l'empire germanique et peu à peu a empoisonné les âmes au point de les ramener à la barbarie. C'est dans les palais des Hohenzollern, devenus palais impériaux, qu'il faut chercher et qu'on découvre la source de tous les maux qui désolent aujourd'hui l'univers.

A la lumière de cette constatation qui s'impo-

sera aux lecteurs de l'ouvrage du baron Beyens,
Guillaume II, pillard et bourreau, apparaît
comme un malfaiteur couronné dont les basses
convoitises et les ambitions effrénées longtemps
contenues et plus ou moins dissimulées sous les
dehors trompeurs d'un cabotinisme à outrance
ont jailli tout à coup, pour le malheur de l'humanité, des profondeurs d'une âme ténébreuse
et scélérate. Le baron Beyens a une trop grande
habitude des formules diplomatiques pour exprimer cette conviction avec la précision et la
rigueur que j'apporte dans l'expression de la
mienne. Mais elle est le résultat logique de ce
qu'il nous apprend, nous raconte et nous décrit
en nous conduisant successivement à la Cour
de Berlin, dans la famille impériale, parmi le
personnel gouvernemental, dans les couloirs du
Reichstag, dans les états-majors des armées de
terre et de mer, dans les coulisses du parti militaire, partout enfin où l'on peut saisir sur le vif
l'état des esprits et les causes de la guerre,
causes politiques et causes économiques, celles-
ci dont l'influence a été peut-être plus active et
plus décisive que l'influence de celles-là, expo-
sées par l'auteur avec une clarté qui fait de son
étude, sur ce point, un document particulièrement précieux pour l'histoire.

La partie de son livre qui vient d'être résumée est surtout une partie descriptive qui nous conduit sur le terrain des événements et où nous pouvons en voir évoluer les acteurs. Mais elle est complétée par une partie historique qui n'est pas d'un moindre intérêt. La question du Maroc et la question d'Orient ont été dans la guerre actuelle des facteurs trop importants pour ne pas exciter la plume d'un diplomate devenu historien et pour qu'il ne fût pas tenté de nous exposer la part qu'elles y ont eue. Il le fait avec autant de talent que de compétence et ses commentaires inondent de plus de lumière ce que nous savions des incidents émouvants suscités par ces questions avant que n'éclatât la guerre dont elles furent sinon la seule cause, du moins une cause essentielle.

J'avoue, cependant, attacher plus de prix au récit de ce que le narrateur appelle fort justement « la semaine tragique ». Au cours des journées émouvantes dont, au bout d'une année, il évoque le souvenir et durant lesquelles la loyauté des puissances de la Triple-Entente, aux prises avec la perfidie austro-allemande, fut vaincue par elle, durant ces heures sinistres qui décidèrent des destinées des nations avides de paix et condamnées à la guerre par la seule volonté d'un despote criminel ou dément et d'un vieillard asservi à ses volontés, cette perfidie, envenimée par celle de leurs complices, se déploya dans toute son horreur, en même temps que se manifestaient, sous des formes tantôt sournoises, tantôt brutales, les illusions des généraux et des diplomates impériaux, qui se flattaient de l'espoir de foudroyer leurs ennemis et de s'emparer en un tour de main de la France, de la Belgique et de la Serbie, malgré la Russie, malgré l'Angleterre, malgré même le soulèvement des peuples dont ils convoitaient les territoires et les trésors.

Ces circonstances, si fertiles en incidents qui déjà sentaient la poudre, nous avaient été révélées antérieurement par les recueils de rapports diplomatiques qu'ont publiés, au début de la guerre, les chancelleries des États belligérants. On peut même se rappeler que quelques-uns de ces rapports portent la signature du baron Beyens et que, dans d'autres, il est question de lui, comme, par exemple, lorsque, au mois de novembre 1913, l'ambassadeur de France, M. Jules Cambon, apprend à son gouvernement que son collègue de Belgique est venu, au nom du roi Albert, lui faire part de propos menaçants tenus par Guillaume II, révélateurs de sa volonté de déchaîner la guerre à bref délai. Mais quelque informés que nous fussions de ces péripéties, nous n'en connaissions pas tous les détails et tous les dessous aussi complètement que nous les connaissons après avoir lu le livre du baron Beyens. Dans ses rapports, il avait parlé en diplomate ; dans son livre, il parle en historien, c'est-à-dire sans ménagements, en toute liberté, et il semble bien que, pour certains des incidents auxquels il a été mêlé, nous lui devons de posséder aujourd'hui une version historique aussi définitive qu'elle peut l'être avant que ce drame sans précédent qui puisse lui être comparé ait été dénoué par les armes.

Ce que sera ce dénouement, le baron Beyens n'en doute pas. Les pages éloquentes qu'il a écrites sur la violation de la neutralité belge et qui terminent son volume, ces pages embrasées d'un ardent patriotisme et d'une sainte colère contre les bourreaux de son pays, nous le montrent animé, au même degré que tous les citoyens des nations alliées, d'une inébranlable confiance dans la victoire libératrice.

En marge d'un ordre du jour

29 octobre 1915.

Dans le second des deux ordres du jour adressés par le généralissime, la veille et le lendemain
de la bataille de Champagne, aux soldats qu'il
commande, il a écrit cette phrase qui les aura
pénétrés du plus légitime orgueil : « Le général
en chef est fier de commander aux troupes les
plus belles que la France ait jamais connues. »

En aucun temps ni plus à propos, chose plus
vraie ne fut dite. Cet hommage, d'ailleurs, ne
diminue en rien la gloire des armées françaises
d'autrefois. Dans les heures critiques que notre
pays a traversées, elles ont rempli tout leur

devoir et ont ajouté une parure plus étince-
lante à sa prestigieuse histoire. Mais ce qui n'est
pas moins vrai, et c'est ce qui constitue la différence entre elles et l'armée d'aujourd'hui, c'est
qu'à aucune époque, sauf sous la Révolution,
elles n'ont donné l'image de la nation armée.
Guerre de conquêtes ou guerre défensive, elles
n'y figuraient que comme armées de métier.
Elles étaient formées de professionnels, souvent
même de mercenaires, et c'est surtout dans les
états-majors que s'incarnait le patriotisme. Sous
la Révolution, une jeunesse ardente, recrutée
dans tous les rangs sociaux, répondit à l'appel
de la patrie en danger. Mais, le premier élan
passé, les volontaires de la République ne
réalisèrent pas toujours ce qu'on avait attendu
d'eux ; on constata des défaillances qui eussent
été plus nombreuses encore s'ils n'avaient été
soutenus par les cadres des anciennes armées
royales. A cet égard, les rapports de Lazare
Carnot, conservés dans les archives du Dépôt
de la Guerre, sont terriblement révélateurs.

Pour plier l'armée à l'ordre et à la discipline,
pour inculquer aux soldats la notion du devoir
et pour les dresser ainsi qu'ils devaient l'être,
il fallut la main puissante de Napoléon, le
concours de la brillante pléiade de ses lieute-

nants et enfin cet ascendant de la victoire qui embrasa promptement de la plus magnifique ardeur les troupes impériales. Elles furent donc d'admirables troupes. Mais elles n'en conservèrent pas moins le caractère d'armées de métier, et tandis qu'elles promenaient à travers le monde leurs drapeaux triomphants, des Français en grand nombre et en état de combattre restaient, grâce au régime de la conscription, les spectateurs de leurs exploits sans y prendre part.

Il n'en est plus de même aujourd'hui. Devant les périls de la Patrie, c'est la France entière qui s'est levée. Préparée depuis longtemps à la guerre par des exercices annuels, elle est venue se joindre à l'armée permanente et en grossir les rangs. Ainsi se sont formées ces belles troupes dont l'héroïsme défie toute description et que le général Joffre a proclamées les plus belles que la France ait jamais connues. Mais, ceci constaté, il n'est pas sans intérêt de rechercher les origines et les causes de la sainte exaltation de nos combattants, de cette soif de sacrifice qui les caractérise et de cette piété patriotique qui, dès le premier moment, a créé autour d'eux une atmosphère d'où montent sans cesse des espérances radieuses que ne découragent aucun revers et une indomptable foi dans la victoire. A ce point de vue, le spectacle auquel nous assistons est unique et permet de dire que ce que nous voyons ne s'est jamais vu.

Ces causes sont multiples. L'amour de la Patrie poussé jusqu'au délire et embrasant toutes les âmes est certainement la plus visible et la plus éclatante. Mais il y en a une autre sur laquelle on ne saurait fermer les yeux et qui nous apparaît sous la forme d'un sentiment religieux qui ne peut être nié. Il s'est manifesté au commencement de la guerre et, depuis, il n'a cessé de se fortifier. Les uns ont dit que c'était un réveil, le réveil de notre mentalité traditionnelle ; les autres, en le constatant, y ont vu l'aube d'une ère nouvelle qui se prolongerait après la victoire et après la paix. A mon sens, les discussions sur ce point seraient vaines. Que ce sentiment religieux se relie au plus lointain passé ou qu'il soit une chose imprévue, il n'est pas douteux qu'il existe et qu'il a contribué à imprimer à la guerre un caractère spécial et inattendu qui autorise à dire que ceux qui la font sont convaincus qu'ils remplissent une mission sacrée.

Défendre son pays est, certes, la plus sacrée de toutes ; mais elle se pare de plus de beauté

quand elle s'accomplit comme un acte religieux.
Et c'est bien ainsi que nous la voyons s'accomplir, rendue plus brillante et plus efficace par
la présence sous les drapeaux de prêtres de
toutes les confessions et par les exemples qu'ils
donnent à leurs compagnies ! Prêtres catholiques, pasteurs protestants, rabbins, combattants, aumôniers, brancardiers, ils sont la
vivante image du devoir rempli sans relâche
avec un courage et une abnégation dépassant
ce qu'on peut attendre de la nature humaine.
J'en ai sous les yeux des preuves innombrables.
Elles me sont fournies par la correspondance de
ces héros et par celle des témoins de leur dévouement. Elles attestent l'existence et l'influence
de cette atmosphère de piété patriotique dont
je viens de parler.

L'espace m'est trop mesuré pour que je
puisse en reproduire ici un grand nombre. J'en
retiendrai trois seulement, mais elles suffiront
pour confirmer ce que nous savions déjà de l'esprit religieux qui règne dans nos armées.

Voici ce qu'écrit un valet de chambre à son
maître, dont la sollicitude le suit dans les tranchées :

« Dimanche j'étais à la messe dans une église
en ruines remplie de soldats. En avant nos chefs

les plus hauts. Un sermon admirable et patriotique d'un de nos camarades prêtre. Voilà qui
donne de l'élan à tous et voilà, Monsieur, ce
qui se passe dans tous les villages frontières,
même dans ceux où l'église n'a plus que quatre
murs noircis par la mitraille, et voilà ce qui se
passe dans les bois, dans les tranchées où nous
avons toujours la messe. Les plus incroyants,
dans ces moments terribles où nous risquons
notre vie à chaque minute en sortent plus émo-
tionnés et plus persuadés. »

Voici maintenant un fragment de la lettre
que le fils d'un pasteur protestant adresse à son
père. Notons en passant que, jusqu'à ce jour,
ce jeune homme faisait profession d'incrédu-
lité :

« Aujourd'hui nous nous reposons. Je suis
allé ce matin dans la petite église de M..., entendre la messe. Il y avait un vieux curé qui
chantait très bien et surtout un vieux chantre à
barbe blanche qui avait une voix magnifique et
émouvante. Malgré mon athéisme, je me suis
mis à pleurer comme un enfant. Tu ne peux
t'imaginer comme c'était émouvant, dans cette
admirable petite église romane, de voir ces
nombreux soldats hirsutes et sales, la barbe
longue, qui venaient avec piété faire leurs dévo-

tions, mêlés à des officiers dont chacun avait essayé de faire un peu de toilette. Mais il fallait être du métier pour voir ces imperceptibles coquetteries, cheveux coiffés grossièrement ou collés avec de l'eau, mouchoir blanc autour du cou, capotes brossées. R... et moi avons chanté les repons splendides de la messe catholique, et je me sentais pris d'un sentiment mystique que mon moi profond cherchait à réfréner avec un sourire moqueur. J'étais sceptique et ému. Ce soir un Dominicain qui, paraît-il, parle merveilleusement, nous prêchera les vêpres... Eh bien j'irai. »

On lit dans une autre lettre, celle-là signée d'un rabbin :

« Il a fallu songer à enterrer les morts restés sur le champ de bataille. L'autorité militaire a estimé qu'on ne devait pas procéder à l'enterrement sans aucune cérémonie religieuse. Mais quelle prière devait-on faire dire, la religion des morts étant inconnue? On décida d'envoyer ensemble sur le champ de bataille deux prêtres catholiques, un pasteur protestant et moi en ma qualité de rabbin. Nous y fûmes transportés tous quatre dans une automobile. Parvenus à destination, je fus chargé, comme le plus âgé, de prononcer une allocution et une prière commune. D'autres prières furent dites ensuite successivement, en latin par les prêtres catholiques, en français par le pasteur protestant et en hébreu par moi. Après l'inhumation, nous avons été reçus à déjeuner par le curé d'un village voisin du champ de bataille. »

Des citations analogues à celles-ci pourraient être multipliées. Mais elles ne sont pas nécessaires pour prouver l'existence, dans nos armées, d'une foi religieuse qui conserve, après quinze mois de guerre, toute son ardeur, et si la croyance en Dieu est une force qui élève l'homme à la hauteur des périls les plus redoutables, est-il téméraire de prétendre qu'elle entre pour une part dans l'admirable vaillance de nos combattants à laquelle l'ordre du jour du général en chef a rendu si justement un solennel hommage?

Soldats de demain

30 novembre 1915.

La Chambre va autoriser aujourd'hui la prochaine incorporation de là classe 1917. Encore
quelques semaines, et celle-ci sera sous les armes;
puis, son tour viendra d'aller se mesurer avec
l'ennemi. C'est avec un véritable enthousiasme
et sans trembler qu'elle envisage l'accomplissement de ce grand devoir. Parmi les jeunes
hommes qui la composent, se manifestent déjà
les sentiments héroïques et la patriotique exaltation qui, depuis les débuts de la guerre, ont,
en augmentant sans cesse, caractérisé les actes
et le langage des glorieux combattants qui dé-

fendent la Patrie et donnent chaque jour leur vie pour elle.

Hier, l'un des soldats de demain disait, devant moi :

— Qu'importe si je suis tué ! N'est-il pas préférable de tomber sur un champ de bataille que de mourir dans son lit? Mourir n'est rien quand on ferme les yeux avec une indomptable foi dans la victoire !

En parlant ainsi, il avait une flamme dans le regard ; elle illuminait son visage et j'étais frappé par la transformation qui s'était opérée en lui et qui, de l'enfant gâté, choyé, adulé, si peu disposé en apparence aux aventures épiques, tel enfin que je le connaissais, faisait un héros.

On peut dire sans exagération que ses camarades, pour la plupart, parlent comme lui. Ces soldats de demain n'attendent pas d'avoir endossé l'uniforme pour se montrer dignes du prestigieux passé de la France. Comme leurs ancêtres de 1792, ils chantent, les uns à pleine voix, les autres dans le fond de leur âme, l'admirable couplet de la *Marseillaise* :

> Nous entrerons dans la carrière
> Quand nos aînés n'y seront plus ;
> Nous y trouverons leur poussière
> Et la trace de leurs vertus.

Bien moins jaloux de leur survivre
Que de partager leur cercueil,
Nous aurons le sublime orgueil
De les venger ou de les suivre.

Les vertus auxquelles faisait allusion le poète, c'étaient le courage, la soif de sacrifice, l'immolation volontaire de soi et, en un mot, tous les nobles sentiments qui s'inspirent de l'amour passionné de la Patrie. Elles furent alors poussées jusqu'au sublime, ainsi qu'elles l'avaient été en d'autres temps, et il ne semblait pas qu'elles pussent être dépassées. Elles l'ont été, cependant, et ce que nous voyons aujourd'hui est encore plus beau que ce qu'on vit jadis, non pas seulement parce que l'héroïsme de nos jours s'élève à des hauteurs où il devient presque impossible de le suivre, mais aussi parce qu'il s'est généralisé et que, maintenant, les héros sont légion.

Leur nombre est si grand, les exemples qu'ils donnent sont si multipliés que les historiens de l'avenir ne pourront plus les compter. D'ailleurs, beaucoup d'entre eux nous échappent ; il en est dont nous ne recueillons que de vagues échos ; il en est d'autres que nous ignorerons toujours, parce qu'ils n'ont pas eu de témoins ou parce que les combattants qui pourraient en rendre témoignage ont péri et en ont emporté le secret dans la tombe.

Heureusement, tous ces traits dignes de l'épopée ne se sont pas déroulés dans l'ombre. La lumière du jour en a éclairé de pathétiques et les survivants des combats nous les ont révélés. Après la guerre, l'histoire et la légende y feront une ample moisson et des noms encore inconnus aujourd'hui surgiront, suggestifs et lumineux, des événements qui seront devenus le passé. Alors, l'âme française apparaîtra dans sa magnificence, revêtue de plus de splendeur encore qu'elle ne l'est aujourd'hui. En s'ajoutant à ce que nous savons déjà, ce que nous ne savons pas contribuera à parer d'immortalité le trésor de nos gloires et à assurer dans l'avenir aux héros qui l'auront enrichi l'admiration universelle.

Leur exemple se transmettra d'âge en âge et les générations futures y puiseront toujours une confiance plus grande dans leur destinée. Mais, dès maintenant, nos soldats de demain trouveront assez de ces exemples devant eux pour comprendre qu'il leur suffira de les imiter pour réaliser nos espérances et répondre à ce que nous attendons de leur vaillance chevaleresque. J'aime à me figurer que si la guerre doit durer longtemps encore, c'est dans les tranchées que les aînés les leur révéleront. De combien d'épisodes admirables pourront s'alimenter leurs récits !

Du reste, en se transformant en narrateurs, ils ne feront que se continuer, car déjà maintenant, à tout nouveau venu, les anciens se plaisent à raconter les faits de guerre auxquels ils ont pris part. Les jeunes soldats des classes de 1915 et de 1916 ont déjà puisé beaucoup à cette source. Il en sera de même pour ceux de la classe de 1917. Les exemples bons à suivre ne leur manqueront pas. Ainsi, les braves gens déjà tombés face à l'ennemi auront rendu au pays le double service de le défendre et de léguer à leurs successeurs l'esprit de sacrifice dont ils furent eux-mêmes animés.

Je ne sais rien de plus fécond en belles actions que cet héritage de gloire laissé aux vivants par les morts et de mieux fait pour exalter les âmes. Je veux à cet égard rappeler un souvenir qui, quoique vieux d'une année, n'en est pas moins émouvant et n'en fera pas moins comprendre combien est heureuse l'influence sur les jeunes soldats qui vont affronter pour la première fois le péril des batailles l'évocation, dans la bouche des aînés, de ces traits d'abnégation

et de courage qu'on retrouve à tout instant dans
la guerre d'aujourd'hui.

C'était un soir, dans la tranchée, en un moment où, comme par miracle, la canonnade ne
grondait pas. Mais on savait qu'elle gronderait
le lendemain dès l'aube et que la journée serait
dure. Il y avait là quelques mobilisés arrivés
le matin et qui allaient aborder l'ennemi pour
la première fois. Quoique résolus à faire leur
devoir, ils étaient en proie à l'angoisse légitime
que subissent les plus courageux lorsqu'à la
veille d'un combat, ils se demandent s'ils y sur-
vivront. Alors un vieux poilu, qui avait deviné
cette angoisse, entreprit de les en distraire.

— Je sais ce que c'est, les enfants, dit-il ; j'ai
passé par là ; mais ça se calme et vous serez
surpris demain d'être entraînés au feu sans peur
et sans crainte et de jouer de la baïonnette
aussi bien que les camarades qui en ont l'habitude. Pour vous y préparer, je vais vous raconter la mort de notre colonel que nous avons
perdu voici huit jours et que, je vous en f...
mon billet, nous avons bien vengé.

» Faut d'abord vous dire que c'était un dévot,
à preuve que le jour de sa mort, ayant rencontré un aumônier sur sa route, il voulut,
comme il disait, se mettre en règle, et que, s'age-

nouillant dans un fossé, il se confessa, ce qui ne
gâte rien. Trois heures plus tard, un obus boche
lui broyait les deux cuisses et éventrait son cheval. Nous nous étions précipités à son secours;
mais il nous ordonna d'aller en avant et il fallut
lui obéir. Il resta donc seul sur l'accotement
de la route, à côté de son cheval éventré, attendant la mort. Un cycliste vint à passer. En
voyant cet officier supérieur étendu, immobile,
il sauta à bas de sa bécane et voulut le charger
sur ses épaules pour l'emporter à l'ambulance.
Mais le colonel lui demanda s'il avait une
mission à remplir. Le cycliste répondit qu'il
allait chercher un caisson de cartouches dont
le besoin était urgent. Et notre brave colonel
de déclarer qu'il n'est plus qu'un cadavre et
qu'il est moins utile de tenter de le sauver
que d'aller quérir les munitions que réclament
les combattants. Le cycliste ne se laisse pas
convaincre ; il insiste pour accomplir ce qu'il
considère comme un devoir d'humanité. Mais
le mourant se fâche et lui intime l'ordre formel
de ne songer qu'à remplir sa mission. Quelques
instants après, ce vaillant soldat rendait l'âme
dans les bras d'un aumônier d'ambulance que
le cycliste avait pu prévenir.

» Et voilà, ajouta le poilu en finissant son

récit, comment savent mourir les soldats de France. »

Ses auditeurs l'avaient écouté, visiblement impressionnés, et sans dissimuler leur émotion dont on pouvait suivre les progrès sur leur visage. Le lendemain, ils se battirent comme des lions, voulant, eux aussi, venger le colonel.

Des épisodes analogues sont innombrables et nous apportent quotidiennement la preuve que, dans l'armée nationale, la nation armée sous le drapeau de l'Union sacrée, l'héroïsme coule à pleins bords.

Il serait injuste de ne pas constater aussi que ce n'est pas seulement sur la ligne de feu qu'il existe ; il est égalé par celui des parents, de ces pères et de ces mères qui, le cœur déchiré, voient partir leurs enfants en se demandant s'ils les reverront et qui se font violence pour leur cacher leur douleur, pour ne pas décourager leur ardeur, leur énergie et leur volonté. On ne rendra jamais d'assez fervents hommages aux uns et aux autres, car c'est à eux que la France devra la victoire.

Au siècle dernier

25 décembre 1915.

Vers la fin de 1886, à la suite d'une crise passagère qui avait altéré durant quelques mois les
relations du gouvernement français avec le
cabinet de Saint-Pétersbourg, M. Paul de La-
boulaye, nommé ambassadeur en Russie, venait
prendre possession de son poste, ce qui prouvait
qu'il ne restait rien de l'incident dont le tsar
Alexandre III s'était offensé. Le représentant
de la France à peine arrivé, l'empereur voulut
le recevoir. Après s'être félicité du rétablissement des bons rapports entre les deux pays, il
lui parla des motifs qui leur commandaient de

se rapprocher et exprima le regret que des causes fortuites eussent toujours empêché ce rapprochement.

— Nous avons les mêmes ennemis, dit-il ; nous sommes exposés aux mêmes dangers ; nous avons des intérêts communs !... Malheureusement, il est difficile de trouver à qui parler chez vous. Vous êtes changeants. L'esprit de désordre domine dans votre gouvernement.

L'ambassadeur protesta avec autant d'énergie que de déférence.

— Au-dessus des gouvernements, sire, il y a l'âme de la France, toujours la même, forte de douze siècles de gloire, si forte qu'après les malheurs de la partie, elle a toujours réagi.

Sur cette réponse, le tsar resta un moment pensif ; puis, comme s'il se parlait à lui-même, il murmura :

— Il est certain que la France s'est toujours relevée.

Cette parole attestait la vérité. Il n'est pas de désastre subi par la France au cours des siècles, soit par suite de la guerre étrangère, soit par suite de ses dissensions intérieures, qui n'ait été suivi d'un rebondissement, d'un élan nouveau vers ses destinées qu'elle n'a jamais cessé d'entrevoir fécondes et glorieuses. Dans les temps contemporains comme dans les profondeurs du passé, il y a des dates qui témoignent de sa résurrection, se produisant au lendemain même du jour où on avait pu croire la patrie agonisante et vouée à la mort.

Entre ces dates, 1815 est peut-être la plus suggestive. Toute l'Europe était alors liguée contre nous. Napoléon ayant été vaincu à Waterloo, les armées de la coalition se présentaient pour la seconde fois, en un an de distance, sur toutes nos frontières. En quelques semaines, le territoire était occupé d'un bout à l'autre. Louis XVIII, en rentrant dans Paris, avait la douleur de voir, place du Carrousel, les canons ennemis braqués sur son palais. La situation du royaume, par quelque côté qu'on y regardât, apparaissait affreuse. Les finances en désarroi, le trésor à sec ; un général prussien gouverneur de Paris ; la capitale et les départements livrés aux réquisitions de l'ennemi ; l'armée impériale reléguée derrière la Loire, hostile aux Bourbons ; les ultra-royalistes formant la majorité dans la Chambre, exigeant des châtiments et des vengeances contre les bonapartistes, tel est, vu dans ses grandes lignes, le tableau de la France quelques semaines après Waterloo. Partout le désordre, partout la désor-

ganisation et c'est vainement que le roi cherche
un homme capable de prendre en main la direction des affaires, de conclure la paix avec les
puissances alliées et de pacifier le royaume.
Talleyrand et Fouché, un régicide et un renégat,
dont l'entrée au ministère avait été la condition
du rétablissement de la royauté, pouvaient
d'autant moins suffire à cette tâche que les
Chambres réclamaient leur démission, ne pou-
vant se résoudre à leur pardonner le passé.

Tout à coup, surgit l'homme que cherchait
le roi. C'est le duc de Richelieu, et c'est Talleyrand qui le désigne à Louis XVIII. Ce descendant d'une des plus illustres familles de France
avait quitté son pays quelques années avant la
Révolution pour aller en Russie combattre
contre les Turcs. Dans cette campagne il s'était
couvert de gloire. L'impératrice Catherine l'en
avait récompensé en lui accordant un grade
élevé dans son armée. Mais, au lendemain des
événements de 1789, à la nouvelle des périls qui
menaçaient la famille royale, il était accouru à
Paris, résolu à la défendre. Bientôt obligé de
reconnaître qu'il ne pouvait rien pour elle, il
avait regagné la Russie où quelques années
plus tard l'empereur Alexandre, en montant sur
le trône, le nommait gouverneur d'Odessa. Dans

la Crimée conquise par Catherine et annexée à l'empire, tout était alors à créer, à organiser afin de libérer le pays des chaînes de la barbarie musulmane. Richelieu s'était acquitté de cette tâche avec une habileté qui tenait du génie et qui lui avait valu la confiance et l'amitié du tsar.

En 1814, après l'abdication de Napoléon et bien que décidé à rester en Russie, il avait repris la route de France pour présenter ses hommages au roi. Mais le brusque retour de Napoléon l'ayant contraint d'abréger son séjour à Paris, il était reparti pour Vienne où se trouvaient Alexandre avec les souverains ses alliés et les membres du Congrès, se préparant à une guerre nouvelle contre l'impérial revenant de l'île d'Elbe. C'est là que Richelieu rencontre Talleyrand avec qui il avait été lié jadis et que l'ancien évêque d'Autun conçoit le projet de le désigner à l'attention de Louis XVIII, ce qu'il fait au mois de juillet 1815, dès sa rentrée à Paris où Richelieu s'est rendu de son côté à la suite du tsar.

La recommandation ne tarde pas à produire son effet. Le gouverneur d'Odessa apprend en arrivant que le roi de France, sans le consulter, l'a désigné pour faire partie du ministère en formation en lui laissant le choix du portefeuille.

Mais Richelieu n'est pas de ceux que tente et attire le pouvoir et par une lettre adressée à Talleyrand, il refuse l'honneur qui lui est fait.

« Je suis absent de France depuis vingt-quatre ans, écrit-il, je n'y ai fait durant ce long espace que deux apparitions très courtes. Je suis étranger aux hommes, comme aux choses, j'ignore la manière dont les affaires se traitent, tout ce qui tient à l'administration m'est inconnu. Dans quel temps serait-il plus essentiel de connaître tout ce que j'ignore que dans celui où nous vivons? Personne n'est moins propre que moi à occuper une place dans le ministère, nulle part, et surtout ici. Je sais, mon prince, mieux que personne ce que je vaux, et ce à quoi je suis propre : il m'est tellement démontré que je ne le suis pas du tout à ce qu'on me propose, que je suis convaincu que si j'acceptais cette place, je n'y tiendrais pas six semaines. »

Mais Talleyrand ne se laisse pas convaincre ; il réplique, discute pied à pied les raisons de Richelieu, fait intervenir l'empereur, et mène si résolument l'affaire que lorsque le roi lui-même sollicite le récalcitrant, celui-ci cède, mais non sans regret. C'est ce qui résulte de ce qu'il mande le 19 octobre au fonctionnaire qui le supplée à Odessa :

« Vous aurez appris déjà tout ce qui m'est
arrivé. Jamais homme n'a été entraîné dans le
précipice par une force plus irrésistible. Mon
parti était bien pris de ne pas rester ici, lorsque
la révolution ministérielle arrive, le roi et l'empereur me forcent de prendre la place de Talleyrand, quoique, ni de près, ni de loin, je ne sois
capable de la remplir, Je me défendis autant
qu'il me fut possible, mais enfin il fallut obéir,
et, dès ce moment, je me regardai comme absolu-
ment perdu. Tous mes amis étrangers admi-
rèrent mon sacrifice, mais le jugèrent inutile, et
plus j'avance, plus je vois qu'ils avaient parfaitement raison. Tout ce que je vous avais mandé
de l'état de la France est au-dessous de la vérité,
il n'y manque pas une seule cause de dissolu-
tion, et, lorsqu'on veut reconstruire, on ne sait
par où commencer... Voilà où je me suis fourré ;
mais il est impossible que j'y tienne, et je suis
convaincu qu'il ne se passera pas deux mois
avant que je ne sois obligé de me retirer. »

Il limitait à deux mois la durée de son pou-
poir ; en fait il le conserva trois ans, durant
lesquels, en dépit des effroyables difficultés
qu'il eut à résoudre il gouverna heureusement,
loyalement, soutenu par le roi et secondé par
Decazes. Lorsqu'à la fin de 1818, au lendemain

du Congrès d'Aix-la-Chapelle, il donna sa démission, l'indemnité de guerre était payée, le territoire libéré, l'armée reconstituée grâce au crédit de l'État rétabli, les ressources du Trésor étaient abondantes. L'ordre et la prospérité régnaient de nouveau. Une fois de plus, la France s'était relevée. Même chose s'était passée après la Terreur grâce à Bonaparte. Maintenant c'était grâce à Richelieu que les récents désastres s'effaçaient comme devaient s'effacer, cinquante-six ans plus tard, ceux de la guerre de 1870, grâce au président Thiers et à l'Assemblée nationale.

Mon filleul

22 janvier 1915.

C'est d'un soldat qu'il s'agit, un fantassin de vingt-six ans que j'ai adopté, très différent de l'idée qu'on se fait d'un poilu. Ce mot, en effet, éveille, semble-t-il, la vision d'un visage hirsute aux traits rudes et menaçants, envahi par une longue barbe souillée de boue. Rien de semblable chez mon soldat. Il a une figure d'enfant de chœur, dont son uniforme n'altère pas l'expression douce et presque timide. Pas l'ombre de barbe ; à peine au-dessus de la lèvre supérieure un semblant de moustache qui a l'air de ne pas vouloir pousser et s'est arrêtée en chemin.

Quand j'ai vu pour la première fois ce petit soldat mince et frêle en apparence, je me suis demandé comment il avait pu se plier aux fatigues de la vie militaire et n'y pas succomber. Il est certain cependant qu'envoyé sur le front, dès le début de la guerre, et ne l'ayant pas quitté depuis, il en a surmonté toutes les épreuves. Une citation à l'ordre du jour de l'armée, la Croix de guerre sont là pour démontrer qu'il s'est vaillamment conduit, aussi vaillamment que les plus vaillants de ses camarades. Il y a même gagné les galons de sergent et ne désespère pas d'être bientôt officier. C'est dans toute l'acceptation du mot un fils de France, un de ces courageux enfants que les dangers de la Patrie ont fait surgir du sol et qui ont révélé toutes les vertus de notre race que nos ennemis croyaient épuisées.

Comment je l'ai adopté, c'est toute une histoire. Au moment de la mobilisation, mon soldat originaire d'une ville du Nord y exerçait un humble emploi dans une usine de confiserie. Sixième de neuf enfants, élevé par de braves gens dont il suivait les exemples, il venait de se marier et depuis deux mois, à deux pas du lit conjugal, une fillette gazouillait dans son berceau. Il fallut s'arracher à ces délices et répondre à l'appel du pays. Il partit en même temps que deux de ses frères, laissant derrière lui tout ce qu'il aimait. Il apprenait le lendemain que les Allemands avaient envahi sa ville natale ; ils y sont encore et leur présence dresse un mur actuellement infranchissable entre lui et son foyer.

Depuis ce jour, il n'a pas cessé de se battre ; il s'est battu comme un lion. Epargné lui-même, il a vu périr nombre de ses pareils sans se laisser décourager un instant. Mais il est resté sans nouvelles de sa famille et il ne sait ce qu'elle est devenue. Il en est résulté que, durant de longs mois, il s'est trouvé comme seul et isolé : « Si vous saviez, monsieur, m'a-t-il écrit plus tard, comme c'est cruel de voir tous les matins autour de soi le vaguemestre distribuer des lettres aux camarades ou des paquets de tricots et leur apporter ainsi la preuve que quelqu'un s'intéresse à eux, et de ne jamais rien recevoir... »

Telle était sa situation lorsqu'il apprit qu'une société s'était formée afin d'apporter quelque soulagement aux combattants qui se trouvaient dans le même cas que lui et leur donner au moins l'illusion qu'ils n'étaient pas sans famille. Il écrivit au siège social pour exposer sa détresse.

Sa lettre y arriva en même temps qu'une autre,
dont l'auteur demandait qu'on lui désignât un
soldat à adopter : c'était la mienne et c'est
ainsi que j'eus un filleul.

Cependant, avant de l'adopter définitivement,
j'avais à cœur de savoir s'il était digne de l'intérêt que j'étais disposé à lui témoigner. Je
m'adressai à son capitaine et lui demandai des
renseignements de moralité. Ils furent aussi
satisfaisants que je pouvais le souhaiter : « Bon
soldat, courageux, intelligent, plein de sang-
froid, se proposant toujours pour les missions
les plus périlleuses et ne cessant de donner le
bon exemple. » C'est en ces termes que son
capitaine me parlait de lui, Mais il ajoutait :
« Vous ferez, monsieur, une action méritoire
en vous intéressant à ce brave garçon et en lui
prouvant qu'il n'est pas seul au monde. Ce sera
un bienfait dont pour ma part j'apprécie d'autant plus le prix que mon cas est le même que
le sien. Comme lui je suis séparé de ma femme
et de mes enfants qui sont dans les pays envahis
et avec qui par conséquent je ne puis corres-
pondre ; je ne sais s'ils sont vivants ou s'ils
sont morts. »

On devine quelle fut ma réponse. Pendant
quelques semaines, j'eus deux filleuls, l'un,

l'officier, homme du monde, instruit, distingué, animé des plus beaux sentiments ; l'autre, mon petit soldat, humble artisan, mais dont l'âme ne valait pas moins que celle de son chef.

Mon double parrainage, malheureusement, fut de courte durée. Le capitaine, blessé grièvement, mourut peu de jours après des suites de ses blessures. C'est son subordonné qui me l'apprit et, dès ce moment, je n'eus plus à m'occuper que de lui. Les lettres qu'il m'écrivait m'eurent bientôt prouvé que j'avais bien placé ma confiance et m'inspirèrent le plus vif désir de le connaître. Mais nous n'avons fait connaissance qu'il y a quelques semaines. Il avait droit à une permission et elle lui a été accordée à la veille de Noël. Il a vécu près de moi durant six jours et son langage, ses manières, sa modestie, sa discrétion ont confirmé la bonne opinion que je m'étais faite de lui.

Ses récits m'ont passionnément intéressé en m'initiant à la vie des tranchées, aux combats qui ont précédé et suivi la bataille de la Marne et à des épisodes que les communiqués et les récits officiels passent sous silence, par suite de l'impossibilité de tout raconter. En l'écoutant, je me disais qu'il est bien dommage que nos soldats ne puissent écrire au jour le jour le

7

récit de ce qu'ils voient et de ce qu'ils entendent
et, qu'en conséquence, beaucoup de traits soient
perdus qui enrichiraient glorieusement l'histoire de la guerre.

Quel tableau, par exemple, que celui-ci !

Un matin, au petit jour, sous un ciel bru
meux, une compagnie de fantassins qui défile
au sommet d'une colline aperçoit dans la plaine
un petit corps de troupe qu'elle prend, par
erreur, pour un détachement ennemi. Elle tire
quelques coups de fusil dans cette direction ;
des cris lui répondent, pour l'avertir qu'elle se
trompe. D'abord, elle ne comprend pas. Tout
à coup, en avant du groupe qu'elle menace, un
officier s'est avancé ; il tient en main un drapeau, le drapeau aux trois couleurs ; il l'agite
pour se faire reconnaître, en même temps
qu'autour de lui, cinquante voix entonnent la
Marseillaise. A ce moment, le soleil déchire les
nuages et éclaire une scène où l'on voit les soldats qui sont en haut répondre à ceux qui sont
en bas en agitant eux aussi un drapeau et en
unissant leurs voix à celles qui montent vers
eux.

Mon filleul m'a parlé aussi de son aumônier,
dont il a eu souvent l'occasion de servir la
messe. Un homme admirable, paraît-il, qui a

voulu vivre sur le front, bien qu'il ait passé l'âge de la mobilisation. Il vit parmi les soldats comme parmi des amis ; il les conseille, les encourage, les console, fait la correspondance de ceux qui ne savent pas écrire ou écrivent mal, et on l'a vu, en des circonstances tragiques, donner de sublimes exemples de courage et de sang-froid.

Mon filleul me raconte, à ce sujet, une scène dans laquelle il était lui-même acteur et témoin :

— Figurez-vous, mon parrain, qu'un jour où nous étions lancés à l'assaut d'une tranchée, monsieur l'aumônier, que nous venions de voir derrière nous, s'est trouvé à notre tête. Pour toute arme, il avait une canne ; il la brandissait en criant : « En avant, mes enfants, en avant, nous sommes victorieux ! » C'est miracle qu'il n'ait pas été tué. La tranchée prise, il ne s'est plus occupé que de consoler les mourants et d'aider à transporter les blessés. Je n'ai pas besoin de vous dire que le lendemain, à l'aube, lorsqu'il a dit sa messe dans une petite église dont la voûte était effondrée et les murailles à moitié crevées, nous étions tous là, ayant à cœur de le convaincre que nous profitions de son enseignement et de son exemple.

Je pourrais multiplier les traits de ce genre,

que j'ai connus par mon filleul. Mais j'aime
mieux tirer de tout ce qu'il m'a dit la conclusion qui s'imposera à quiconque, faisant litière
de ses préventions et de ses préjugés, voudra
regarder en face les faits qui se déroulent sous
nos yeux. Cette conclusion, c'est qu'une véritable métamorphose s'est opérée parmi la jeunesse française, aussi bien dans ses rangs les
plus humbles que dans les plus élevés. Les dis-
sentiments qu'on y pouvait constater à la veille
de la guerre ont peu à peu disparu ou sont à
la veille de disparaître, et la victoire trouvera
l'âme nationale toute différente de ce qu'elle
était avant qu'elle eût subi l'épreuve du feu. Le
pays était alors divisé en camps ennemis. Les
périls courus en commun les ont réconciliés
et toutes les tentatives que l'on fera dans les
milieux sectaires pour les diviser de nouveau
aboutiront au plus piteux échec. Les défenseurs
des lamentables doctrines qui ont failli perdre
la Patrie disparaîtront ou cesseront d'être
écoutés, et les survivants de la guerre à tous
les degrés de l'échelle sociale, qu'ils soient
riches ou qu'ils soient pauvres, prolétaires ou
bourgeois, n'oublieront plus qu'ils se sont trouvés coude à coude en face de l'ennemi, qu'ils
se sont réciproquement porté secours, qu'ils se

doivent assistance mutuelle, et, du sol de France arrosé du sang le plus généreux, surgira une jeunesse neuve qui volera vers l'avenir sur les ailes de la paix victorieuse, animée de sentiments aussi fraternels que ceux dont elle s'inspire aujourd'hui pour défendre et délivrer la Patrie.

Les rois errants

17 février 1916.

De toutes les guerres qui se sont livrées dans le monde au cours des siècles révolus, il n'en est pas de plus fertile en légendes futures que celle dont les péripéties se déroulent sous nos yeux. Elle n'est pas encore achevée, et déjà, avant même que nous puissions en prévoir le terme, elle abonde en faits d'héroïsme dignes de passer à la postérité où, parallèlement aux historiens qui les raconteront dans leur réalité, les poètes trouveront pâture pour alimenter leurs chants. Homère et Eschyle renaîtront pour en célébrer la grandeur souveraine, en lui donnant la forme légendaire qui, sur la scène ou dans des poèmes, les parera de plus de beauté, et renaîtront aussi Thucydide, Tacite et Tite-Live pour en léguer l'histoire aux générations à venir en la ramenant aux proportions humaines que les poètes épiques auront dépassées.

Elle n'est pas seulement fertile en légendes, elle est également évocatrice en ce sens que, par un effet rétroactif, elle illumine le passé des peuples en rappelant les grands épisodes guerriers qu'ils virent se succéder et qui se trouvent réunis et résumés dans le vaste et tragique tableau qu'elle forme. A ce tableau sans rival, rien ne manque de ce que nos ancêtres ont maudit ou admiré, de ce dont ils ont souffert ou triomphé. Mais, tandis que chacune des générations disparues a eu sa part et son lot, la nôtre voit dans une action formidable et totale ce qu'elles ont vu en détail et peu à peu. C'est par là que cette guerre est unique et diffère de celles d'autrefois, comme elle en diffère aussi par les excès d'horreurs que nos ennemis, dignes émules des barbares, ont ajoutées à celles de leurs devanciers. Mais, sous la réserve de ce qui vient d'être dit, et par plus d'un côté, elle leur ressemble comme ressemble à une photographie de petit format un agrandissement.

Sans doute, les combattants d'aujourd'hui ne sont pas plus vaillants que ceux d'autrefois, mais les champs de bataille sont plus étendus et plus disséminés ; les engins destructeurs sont plus meurtriers ; c'est par centaines de mille hommes que nous comptons les morts alors qu'on les comptait à peine par milliers. Il en est de même des méthodes de guerre, leur nouveauté et leurs développements ne rappellent en rien celles d'autrefois pas plus que la déloyauté allemande ne rappelle le caractère chevaleresque que gardaient les guerres du passé au fur et à mesure qu'à la faveur des préceptes de l'Évangile la civilisation se répandait dans le monde pour qui la Croix était devenue l'emblème rédempteur et sacré.

Ces réflexions m'étaient suggérées l'autre jour par la lecture d'un récit de la retraite héroïque du vieux roi Pierre de Serbie. Je le voyais errant sur les chemins, vaincu par la Fortune, mais sans avoir perdu confiance dans un avenir vengeur et réparateur et à côté de lui mon imagination surexcitée évoquait l'image de deux autres rois, celui du Monténégro et celui des Belges victimes eux aussi de la Fortune contraire. Cette évocation que je traduis ici sous sa forme la plus simple confirme la démonstration qui précède à savoir qu'à l'heure où nous sommes le présent dépasse le passé.

Il y eut jadis, comme aujourd'hui, des rois fugitifs, allant devant eux à l'aventure, sans savoir où reposer leur tête. Les Stuart, Louis XVIII, Charles X, Louis-Philippe, d'autres encore, symbolisent à cet égard l'histoire de plusieurs souverains voués à la proscription. Mais entre eux et ceux d'aujourd'hui la différence reste grande et ceux d'aujourd'hui nous apparaissent plus dignes encore de sympathie et d'admiration. Les premiers fuyaient devant la rébellion de leurs sujets et leurs fautes entraient pour une large part dans leur malheur. Rien de pareil dans l'aventure épique des souverains serbe, monténégrin et belge. C'est en défendant l'indépendance de leur peuple qu'ils ont été vaincus et ils l'ont été avec lui ; de telle sorte qu'entre les princes et les sujets l'union est restée étroite ; l'infortune des uns a été l'infortune des autres et après le désastre leurs âmes sont restées associées dans une communauté d'indomptables espérances, peuples et rois demeurent confiants dans l'avenir. Leur confiance cependant ne peut nous faire perdre de vue l'étendue de leur malheur et nous gardons dans les yeux le spectacle du sacrifice patriotique auquel ils ont dû se soumettre.

Nous saluons en eux les victimes d'une grande cause et de chacun d'eux l'histoire dira qu'il a été un héros national. Toutefois, si digne de respect que soit leur destin, il faut bien reconnaître qu'il n'égale pas en grandeur celui d'Albert Ier, roi des Belges. Nous leur devons et nous leur avons voué toute notre admiration, et nous ne déposerons les armes qu'après la leur avoir prouvée en leur faisant restituer ce qui leur a été uniquement arraché. Mais ce n'est pas seulement de l'admiration que nous devons à Albert Ier, nous lui devons aussi une reconaissance éternelle, car, en même temps que de sa part le sacrifice a été volontaire, sa conduite, dès le début de la guerre, a permis à la France de rebondir et de se sauver.

Il pouvait se préserver et préserver son pays du sort qui leur a été fait. Il eût suffi qu'il courbât la tête devant les exigences cyniques de Guillaume II et que même, la mort dans l'âme, il avouât qu'il n'était pas en son pouvoir d'y résister. Il s'est révolté contre ceux qui lui conseillaient cette attitude et, en dépit des promesses dont on l'accablait pour obtenir sa soumission, il n'a eu en vue que l'indépendance de son royaume. D'accord avec son peuple, soutenu par son héroïque compagne, il s'est battu pour l'honneur. S'il fut accablé par le nombre, il n'en reste pas moins très grand par l'énergie de ses résolutions et de sa résistance. Il l'est plus encore à nos yeux quand nous nous rappelons le service qu'il nous a rendu en arrêtant durant plusieurs jours les Allemands sur la route de Paris et de quel prix il l'a payé.

Du reste, il n'avait pas attendu cette cruelle épreuve pour nous laisser comprendre qu'en cas de conflit, et s'il s'y trouvait mêlé, il prendrait parti pour la France. Dès le mois de novembre 1913, au sortir d'un entretien qu'il avait eu à Potsdam avec Guillaume II, il faisait savoir à l'ambassadeur de France à Berlin que le kaiser, si longtemps d'apparence pacifique, s'était laissé gagner par le parti militaire et considérait maintenant la guerre comme inévitable. Le Roi, ce jour-là, nous laissait présager ce qu'il ferait au cas où viendraient à se produire les éventualités que le langage impérial pouvait nous faire redouter. Il est donc juste que la France lui prodigue aujourd'hui les témoignages du plus fraternel dévouement et qu'il soit convaincu qu'elle ne cessera de com-

battre que lorsqu'il aura repris possession de
son royaume et aura été vengé. En attendant,
si tout entier à ses devoirs militaires il n'erre
pas sur les chemins, fugitif et proscrit, il n'en
reste pas moins victime de son héroïsme, et
notre compassion pour lui et pour la noble
Reine qui s'immortalise à son côté doit égaler
notre reconnaissance.

Je disais en commençant que nulle guerre
autant que celle-ci n'a été fertile en légendes,
et la légende, en effet, sera belle et poignante
de ces trois rois également frappés par la destinée et qui cependant ne désespèrent pas de
rentrer un jour dans leur capitale. Les étapes
de deux d'entre eux sur les routes de l'exil et
la présence de l'autre, l'épée à la main, sur le
coin de terre où flotte encore son drapeau,
fourniront dans l'avenir d'émouvantes pages
aux historiens et aux poètes, de la prose et des
vers qui perpétueront le souvenir de cette incomparable épopée de laquelle on peut dire aujour-
d'hui que l'épilogue en sera triomphal.

La journée du 26 février

1er mars 1916.

Nous avons vécu durant toute la semaine dernière des heures d'angoisse ; nous les vivons encore, bien qu'aujourd'hui leur sonnerie ne soit plus celle du tocsin. On ne saurait contester qu'elle a eu ce caractère, comme elle l'eut en des circonstances non moins tragiques que rappelleront éternellement les noms de Charleroi et de l'Yser. Il semble toutefois qu'aucune de ces heures n'a été plus solennelle que celle dont les péripéties ne sont pas encore épuisées au moment où j'écris.

En d'autres temps nos ancêtres en ont vécu

de pareilles, et dans les siècles de foi elles furent caractérisées par des scènes dont l'Histoire a perpétué le souvenir, comme par exemple celle d'une foule éperdue se précipitant au pied des autels, les bras levés en signe de supplication, demandant au maître tout-puissant de donner la victoire à nos armes et d'écarter de nous les catastrophes irréparables. On dirait qu'en de tels instants les hommes ont senti d'une manière plus poignante que le sort de la Patrie se décidait et que la question se posait de savoir si elle survivra à de si douloureuses épreuves ou si au contraire elle va être pour toujours anéantie. C'est alors que l'âme d'une nation se révèle et qu'on peut mesurer ce qu'elle conserve encore d'inébranlable confiance ; c'est alors surtout qu'elle montre ce qu'elle vaut.

Après dix-huit mois de guerre où, à plusieurs reprises, la France s'est vue au bord du gouffre, et en considérant avec quelle fermeté elle en a regardé le fond en s'accrochant à toutes les pentes pour n'être pas précipitée, nous pouvons dire qu'elle est sortie à son honneur de cette épreuve terrifiante et qu'elle donne au monde une fois de plus le spectacle prestigieux d'une nation qui ne veut pas périr et qui sait qu'elle ne périra pas. Les uns ont puisé cette conviction dans leur foi religieuse ; les autres, moins ardemment croyants, dans leur foi patriotique. Qu'elle leur vienne d'ici ou de là, elle se trahit en eux puissante et inébranlable, et à les suivre dans la manifestation active de leurs sentiments, on se fortifie de plus en plus dans la certitude de la victoire. Pour ceux qu'anime cette conviction robuste, les incidents des batailles, les alternatives des chocs humains, les allées et venues de la Fortune sont relativement secondaires : ils demeurent certains que, les trahît-elle accidentellement, elle leur reviendra et que la Patrie sera sauvée. C'est bien là ce que nous avons vu et ce que nous voyons encore.

Il est aussi résulté de ces choses une excitation plus grande dans les cœurs patriotes, un accent plus marqué, des paroles et une disposition plus spontanée à s'irriter des propos pessimistes qui osent se faire entendre en des circonstances où toute dépression, toute défaillance apparaissent comme un crime bien que ceux qui le commettent soient pour la plupart inconscients et les victimes involontaires de leur manque de confiance.

A ce point de vue, la journée du samedi 26 février a été particulièrement caractéristique,

car ce fut de toutes parts dans les rues de notre
cher Paris un extraordinaire mélange d'alar-
mes et de colères. La vision d'un tel spectacle
mérite d'être conservée par l'Histoire, car, en
marge des événements qui se déroulent, elle doit
pour être complète marquer aussi les dispositions de ceux qui en sont les témoins éloignés
mais qui ne peuvent se dissimuler qu'en cas de
défaite ils seraient des victimes.

La veille, la neige était tombée à gros flocons
et ce jour-là au matin elle tombait encore. Elle
tombait d'un ciel grisâtre et brumeux, duquel
on peut dire qu'il était en harmonie avec les
esprits. On songeait, le cœur serré, aux héros
qui combattent là-bas et se dressent, martyrs de
la plus sainte des causes, comme un rempart
vivant contre la ruée furieuse et torrentielle de
l'ennemi. Dans les rues, sur le visage des pié-
tons qui les parcouraient, on lisait l'anxiété
cruelle des cœurs ; certaines figures demeurent
dans mes yeux, littéralement bouleversées, et si
quelque diable boiteux avait enlevé le toit des
demeures, on aurait pu voir dans l'intérieur
des familles les mêmes angoisses, le même bou-
leversement et aussi des larmes coulant le long
des joues, là surtout où elles avaient déjà coulé
lorsqu'était arrivée la nouvelle du trépas glo-

rieux d'un fils, d'un époux ou d'un père. Deux ou trois traits exprimeront mieux encore que toutes les descriptions l'état d'âme que j'essaie de traduire.

Je me vois sous une porte cochère où je m'étais réfugié pour laisser passer une impétueuse tombée de neige. Il y avait là deux ou trois femmes, un enfant attendant comme moi de pouvoir se remettre en chemin, puis tout au fond, presque caché dans l'ombre de la voûte, un homme de mise élégante, dont une épaisse moustache grise balafrait le visage et en accentuait l'expression singulièrement énergique. Une rosette d'officier de la Légion d'honneur étoilait sa boutonnière et aidait à faire croire qu'il avait été soldat. Les femmes parlaient beaucoup à voix haute et leur langage était celui de la dépression, du découragement et de la peur. Elles échangeaient sans retenue des réflexions sinistres. A les-entendre, tout était perdu, « car les Prussiens, déclarait l'une d'elles, sont plus forts que nous, mieux organisés et auront raison de nos soldats ».

— Nos soldats, reprenait une autre, comme ils sont à plaindre ! Ils savent bien ce qui les attend et j'en connais qui, en partant, ont prédit qu'ils ne reviendront pas.

Ces jacasses m'agaçaient. J'ai interrogé l'une d'elles :

— Quelqu'un de votre famille est-il sur le front, madame?

— Non, monsieur ; heureusement, je suis veuve, je n'ai pas de fils et je ne me suis jamais tant félicitée de n'avoir à trembler pour aucun des miens.

Alors, l'inconnu que j'avais vu en me réfugiant sous la porte cochère, prend la parole avec véhémence :

— Vous n'avez à trembler pour personne, madame, s'écrie-t-il, et vous vous plaignez ! Et vous osez parler comme vous le faites ! C'est abominable ! Vous mériteriez que je vous fasse arrêter et conduire chez le commissaire de police !

— Mais, monsieur, je ne comprends pas...

— Il faut comprendre, madame ; à l'heure où nous sommes, le pessimisme est criminel !

Et, se tournant vers moi, il a ajouté :

— C'est les personnes à qui cette guerre ne coûte rien qui tiennent les propos les plus alarmants !

Dans la même journée, je marchais avec un ami sur l'avenue des Champs-Elysées, au long d'un sentier tracé dans la neige. Il voit venir de loin un homme d'âge qu'il connaît :

— Passons de l'autre côté, me dit-il ; j'aime autant ne pas m'arrêter avec lui : il passe son temps à prophétiser des malheurs.

Mais l'autre l'a aperçu, il hâte le pas et nous barre le chemin. Mon ami me présente ; un léger signe de tête répond à peine à mon salut, comme si c'était assez bon pour moi, et voici le personnage qui commence à se lamenter :

— Eh bien, mon cher, où allons-nous? Vous pensez bien que, lorsqu'ils auront pris Verdun, ils n'en resteront pas là ; dans huit jours, ils seront à Paris ; il n'est que temps de filer.

Je voyais monter la colère dans le regard de mon ami. Brusquement, il coupe la parole au prophète :

— Ah ! comme je regrette de vous avoir rencontré ; mes hommages.

Et il m'entraîne. Nous étions aussi irrités l'un que l'autre.

Une heure après, je me trouvais dans un bureau de banque. Là encore, scène du même genre. Cette fois, c'est un client qui vient retirer son argent en annonçant qu'il va quitter Paris ; il se répand en gémissements. Mais alors j'ai la joie d'entendre sortir de la bouche des employés, au nombre d'une douzaine, jeunes filles et hommes mûrs, une protestation indignée. Le client s'est hâté de serrer dans son portefeuille les billets de banque qu'on venait de lui compter et a disparu sans souffler mot.

Il est probable que si chacun racontait ce qu'il a vu et entendu durant ces heures émouvantes, on pourrait ajouter aux traits que je viens de rappeler d'autres traits analogues, car malheureusement le pessimisme, en certains esprits, fait encore des siennes. Reconnaissons cependant que ceux dont il s'est emparé constituent une infime minorité et qu'à Paris, comme d'ailleurs sur toute l'étendue du territoire, la majorité des citoyens fait preuve d'une confiance inébranlable et, symptôme heureux qu'il convient d'enregistrer, presque partout les pessimistes passent de mauvais moments.

Prenons acte d'un état de choses aussi rassurant et aussi réconfortant ; opposons-le sans nous lasser aux inquiétudes légitimes que peuvent éprouver, étant donnée la faiblesse humaine, les âmes les plus fermes et les plus hautes, mais qui du moins comprennent qu'à l'heure où nous sommes le premier devoir est de les taire.

Durant cette journée du 26 février, où le ciel n'était pas moins menaçant que les événements, on put y voir, avant que ne vînt la nuit, quelques éclaircies ; entre les nuées apparurent des coins de bleu et, le lendemain dimanche, le soleil se leva ; ses rayons s'allongèrent sur les tapis de neige. Ils prédisaient la victoire prochaine, et, quelques heures plus tard, le communiqué publié par les journaux, que lisaient joyeusement les promeneurs, ranimait dans les âmes la flamme de nos espérances, sur laquelle avait passé un coup de vent, impuissant d'ailleurs à l'éteindre.

Les soldats de Brandebourg

8 mars 1916.

Il y a peu de jours, l'empereur Guillaume II, se croyant déjà maître de Verdun, adressait à ses troupes du Brandebourg une proclamation en laquelle, rendant hommage à leurs vertus guerrières, il leur attribuait, à l'exclusion des autres nations germaniques, la victoire qu'il célébrait avant de l'avoir remportée et qui, de plus en plus, semble devoir lui échapper. Si cette manifestation quelque peu extravagante, témoignage d'une forfanterie qui n'est égalée que par l'orgueil incommensurable dont témoignent ses paroles et ses actes, ne soulignait le

côté tragique d'une entreprise qui lui coûte la
fleur de ses armées, il y aurait plaisir à en faire
ressortir le caractère humiliant et même ridicule. Mais trop de sang a coulé pour qu'il y ait
lieu de rire, et si j'évoque aujourd'hui ce souvenir d'hier, c'est pour constater que les Brandebourgeois ont toujours été, depuis trois siècles,
de la part des Hohenzollern, l'objet d'une pré-
dilection particulière. C'est toujours avec complaisance que leurs regards se tournent vers ce
berceau de la monarchie prussienne et avec
ostentation qu'ils comparent ce point de départ
de leur dynastie avec le point d'arrivée, c'est-à-
dire avec le sommet lumineux où, partis de si
bas, ils sont parvenus.

Au mois de février 1888, assistant à un banquet, l'empereur actuel, le kronprinz Guillaume,
à la veille de monter sur le trône, se révélait
comme le continuateur de la tradition ancestrale, qui n'a perdu aucune occasion de rappeler que la maison aujourd'hui impériale fut
d'abord humble et obscure et qu'elle n'a dû son
ascension qu'aux vertus des chefs qui, successivement, l'ont représentée. Il célébrait cette
ascension dans un hymne à la paix :

« En chevauchant durant les **grandes manœuvres** à travers les **plaines du Brandebourg,**

j'ai compris, disait-il, à la vue de ces champs florissants, de ces industries en pleine activité, où était la véritable base du bien-être du peuple et du travail fécond. Je vois bien que le grand public, et plus spécialement celui de l'étranger, m'impute des idées guerrières faites de légèreté et d'amour de la gloire. Dieu me garde de cette légèreté criminelle ! Je repousse ces accusations avec indignation. »

Voilà certes qui était rassurant et promettait un règne pacifique et glorieux. Il est vrai que le prince ajoutait, comme pour donner satisfaction au parti militaire déjà si puissant dans l'empire :

« Pourtant, messieurs, je suis soldat et tous les Brandebourgeois sont soldats, je le sais. C'est pourquoi laissez-moi terminer par ce mot que notre grand chancelier jetait hier au Parlement : « Nous, Brandebourgeois, ne craignons » que Dieu et rien que Dieu au monde. »

Constatons en passant que déjà il faisait intervenir Dieu dans ses affaires, un dieu de commande taillé à son image et à sa mesure et sous la protection duquel il n'a pas craint de mettre depuis toutes les horreurs, toutes les infamies, toutes les atrocités qu'il a commises dès le début de la guerre.

Les pensées qu'il exprimait en 1888 se retrouvent dans sa proclamation de l'autre jour, aussi bien que dans les propos qu'il a tenus au cours de son règne toutes les fois qu'il a parlé du Brandebourg. Mais, on ne saurait oublier que les divers États germaniques ont toujours été froissés par ces manifestations d'une préférence qui leur faisait jouer dans les entreprises impériales un rôle secondaire. Ils les ont toujours interprétées comme un témoignage de la prétention prussienne à la supériorité militaire, et pour la Bavière surtout elles ont toujours été un coup de poignard. Il est donc probable que, cette fois encore, elle s'est trouvée offensée par la persistance du kaiser à mettre les troupes du Brandebourg au-dessus de toutes les autres, et sans doute c'est un nouveau grief qui viendra s'ajouter à ceux qu'au cours de la guerre actuelle elle a imputés, sans oser d'ailleurs trop s'en plaindre, au gouvernement impérial.

On aurait tort cependant de croire que l'offense aura détendu, même accidentellement, les liens qui l'attachent à la Prusse. J'entends parler souvent de la possibilité d'une dislocation de l'empire allemand et d'un retour au système confédératif tel qu'il existait avant la guerre de 1870 ; ce serait une grave erreur d'y trop compter, à moins que la défaite n'entraîne le renversement définitif de la dynastie des Hohenzollern. Tout alors serait possible et il se peut qu'à ce point de vue, l'avenir nous réserve des surprises. Mais, sous cette réserve, on peut dire que l'œuvre de prussification menée par Berlin depuis plus de quarante ans a créé un état de choses singulièrement difficile à détruire. Il y a beau temps que le particularisme qui avait survécu à la constitution de l'empire sous le sceptre de Guillaume Ier n'existe plus, et il semble bien que c'est au moment où Guillaume II succédait à Frédéric III qu'il a rendu le dernier soupir.

A cette époque, la situation entre la Prusse et la Bavière était encore très tendue, elle se ressentait toujours des difficultés qui s'étaient élevées entre les deux États, à Versailles, au mois de janvier 1871, lorsque Bismarck s'efforçait de constituer l'empire aux dépens des immunités bavaroises. Il fallut, pour arriver à une entente, des négociations laborieuses, si laborieuses qu'on put croire un moment que la Bavière ne se soumettrait jamais aux exigences de la Prusse. On parvint cependant à s'entendre, mais aucun des contractants n'était satisfait. La Bavière se plaignait d'avoir été contrainte de céder, le couteau sur la gorge, et le parti militaire prussien reprochait à Bismarck d'avoir trop accordé aux Bavarois. Le chancelier se félicitait néanmoins d'avoir abouti, même au prix de concessions militaires. C'est alors qu'il prononçait les propos suivants, auxquels il donnait lui-même un démenti en arrachant à la France l'Alsace et la Lorraine :

« Les traités ne sont rien quand les gens qui les signent le font contraints et forcés. »

Mais s'il était satisfait autour de lui on ne l'était pas. Le kronprinz Frédéric lui reprochait de s'être montré trop facile avec la Bavière. Alors s'engageait entre eux le court dialogue que voici :

— La Prusse a obtenu fort peu de choses, disait le prince impérial ; après les succès qu'elle a remportés, elle avait le droit de demander davantage.

— C'est vrai, Votre Altesse, répondait le chancelier ; nous aurions pu demander plus aux Bavarois, mais comment nous y serions-nous pris pour l'obtenir?

— Eh bien, mais en les forçant à nous le donner.

Et Bismarck, toujours gouailleur, de répliquer :

— Dans ce cas, monseigneur, je ne puis que recommander à Votre Altesse Royale de commencer par désarmer les troupes bavaroises qu'elle a sous ses ordres.

En 1888, le mécontentement que trahissent ces propos n'était pas encore apaisé. Les Bavarois, bien que ne professant qu'antipathie et répugnance pour les Allemands du Nord, s'étaient définitivement résignés à faire partie intégrante de l'empire : peut-être même en éprouvaient-ils quelque fierté ; mais les relations entre Berlin et Munich n'en restaient pas moins presque celles de deux ennemis condamnés, par la communauté de certains intérêts, à demeurer associés. Dans cette lutte latente, la Bavière devait être vaincue. D'année en année, son particularisme et les derniers vestiges de son autonomie s'en allaient morceau par morceau, et, en 1906, sa prussification était depuis longtemps complètement achevée.

Cependant, depuis que se déroulent les péripéties de la guerre actuelle, tout n'a pas marché sur des roulettes entre les autorités militaires prussiennes et les chefs militaires bavarois. On a entendu ceux-ci reprocher à celles-là de mettre les effectifs bavarois aux postes les plus périlleux, de ne pas hésiter à les sacrifier, et surtout de s'attribuer une supériorité qu'au dire des plaignants les Prussiens ne possèdent pas. La victoire définitive aurait emporté les causes de dissentiment ; mais les échecs, de plus en plus, les raniment, et celui de la tentative sur Verdun aura nécessairement pour effet de les rendre plus vives et plus actives. S'il faut en croire des informations qui nous arrivent par les pays neutres, on devine dans les états-majors bavarois un réveil d'irritation contre les états-majors prussiens.

L'hommage solennel et prématuré rendu par le kaiser aux soldats du Brandebourg, et qui semble faire fi des autres contingents, n'améliorera pas cet état de choses. C'est un fait qu'il y a lieu de constater, sans cependant lui attribuer plus d'importance qu'il ne convient, mais qui mérite toutefois d'être retenu par les futurs historiens de la guerre.

Tares allemandes

7 avril 1916.

A quelque époque de l'histoire de la Prusse qu'on se reporte, on relève dans la mentalité du gouvernement prussien, et d'ailleurs à tous les degrés de la hiérarchie sociale, trois vices capitaux : l'envie, la cupidité et la duplicité, par lesquels, depuis quarante ans surtout, toute l'Allemagne a été contaminée.

En ce qui touche l'envie, nous avons l'aveu de Bismarck, que j'ai déjà cité, lorsque, parlant de ses ennemis, il s'écriait :

— Ce sont des envieux ; en Allemagne, l'envie est le vice capital.

Il ne dit rien de la cupidité ni de la duplicité ; il y a des tares qu'on n'avoue pas. Mais,
à défaut d'aveux plus complets, nous possédons
de nombreuses preuves de l'incessant besoin du
Prussien de s'enrichir au détriment d'autrui,
tantôt en trompant plus ou moins son monde
par des protestations de désintéressement, tantôt en jetant le masque et en formulant cyni-
quement ses exigences.

C'est ainsi qu'il s'offre à nous en 1815, lors
de la conclusion de la paix, et en 1818, au congrès d'Aix-la-Chapelle. On sait que le duc de
Richelieu s'y couvrit de gloire, en obtenant la
libération anticipée du territoire français. Quand
les alliés eurent à se partager les indemnités
que leur payait la France comme prix de cette
libération, c'est la Prusse qui se montra la plus
avide et prétendit à la plus grosse part. Elle
exigeait avec tant d'insistance et d'arrogance
que l'entente avec ses alliés faillit être compro-
mise ; elle ne fut maintenue que grâce à une
démarche impérieuse et personnelle de l'empereur Alexandre auprès du roi de Prusse, qui
obligea celui-ci à modérer ses prétentions, ce
qui ne l'empêcha pas, pour obtenir ce qu'on
lui refusait, d'user jusqu'au bout de perfidie
et de duplicité.

Mais cela, c'est le passé, un passé très lointain sur lequel tout a été dit. Il n'en est pas de même d'autres traits qui remontent à la guerre de 1870 et qui méritent d'être mis en lumière. Au hasard de mes recherches, dans des pièces diplomatiques, j'en ai découvert un dont je ne crois pas qu'il ait jamais été fait état, encore qu'il justifie pleinement la flétrissure infligée par l'Histoire à la perversité de l'Allemagne en général et de la Prusse en particulier.

Lorsqu'au mois de mars 1871, après la signature des préliminaires de paix et leur ratification à Bordeaux, le gouvernement de Thiers rentrait à Paris, une partie de la France était envahie. Les armées allemandes occupaient nos départements du Nord et de l'Est et ceux du centre jusqu'à la Loire. Les populations de ces contrées étaient écrasées par les réquisitions des envahisseurs et, dans leur détresse, elles adjuraient les pouvoirs publics de leur venir en aide, en allégeant les charges qui pesaient sur elles. Ces réclamations furent entendues et le gouvernement décida qu'il prendrait immédiatement à sa charge les frais de l'occupation. Le 11 mars, Jules Favre et l'intendant Bayot se rencontraient, à Ferrières, avec le général allemand Stosch et l'intendant en chef Engelhard, désignés par l'empereur Guillaume comme négociateurs. Dans cette entrevue, le Trésor français, se substituant aux populations, dut se résigner à payer en rations de vivres 1 fr. 75 par homme et par jour pour 500.000 hommes et, comme rations de fourrages, 2 fr. 50 par cheval pour 150.000 chevaux. La décision était prise pour une durée de deux mois, au terme desquels l'armée d'occupation devait être réduite à 150.000 hommes et à 50.000 chevaux.

Dès ce moment et sans attendre l'expiration de ce délai, l'Allemagne, tout en continuant à toucher cette indemnité formidable comme si les effectifs stipulés étaient au complet, entreprenait de les réduire en congédiant secrètement un grand nombre de soldats et en réduisant de plus en plus le nombre des chevaux.

Au mois de juin, un diplomate français, le comte de Saint-Vallier, était désigné pour représenter son gouvernement auprès du quartier général allemand où résidait comme chef suprême le maréchal de Manteuffel. A peine arrivé à son poste, il pouvait se rendre compte de l'exagération des prix alloués par la convention de Ferrières et constatait en outre, avec stupéfaction, que l'armée ne comptait guère plus de 100.000 hommes et de 30.000 chevaux, qu'en conséquence, elle bénéficiait des frais d'entretien d'effectifs qui n'existaient plus.

Il n'hésita pas à porter plainte au maréchal de Manteuffel. Sous son enveloppe de reître, ce vieux soldat avait une âme loyale et il n'hésita pas à donner raison au plénipotentiaire français.

— Il y a longtemps, lui dit-il, que ma loyauté souffre de cet état de choses, mais je l'ai trouvé tel qu'il est et mon tort consiste à n'y avoir pas mis fin. Je n'en suis que plus diposé à seconder vos démarches.

Le gouvernement de Thiers fut aussitôt averti et au mois de novembre suivant, malgré le mauvais vouloir du comte d'Arnim, ambassadeur germanique à Paris, une convention nouvelle intervenait entre lui et Pouyer-Quertier qui fixait à 50.000 hommes et à 18.000 chevaux le chiffre de l'armée d'occupation. Dans le mémoire du comte de Saint-Vallier, d'où sont tirés ces détails, il ajoute : « C'est encore trop. »

On reconnaîtra que cette affaire n'est pas à l'éloge de la conscience allemande et qu'elle constitue une preuve de sa cupidité et de sa duplicité.

Quant à son autre vice, l'envie, dont Bismarck avouait l'existence, on pourrait en multiplier

les témoignages, car ils abondent à travers
l'histoire de la Prusse aussi bien dans l'ordre
militaire que dans l'ordre politique et diplomatique. On me permettra d'en rappeler un
en finissant.

Nous sommes en 1818, à la fin d'octobre, au
moment où vient d'être signé, à Aix-la-Chapelle, le traité qui libère définitivement la
France du joug de l'étranger. Le roi Louis XVIII
a voulu recevoir, aux Tuileries, les représen-
tants des puissances contractantes, afin de se
féliciter avec eux de l'heureux résultat de cette
négociation. A deux reprises, son état de santé
l'oblige à ajourner la réunion. Comme il se
plaisait à le dire, il ne voulait pas

> Montrer aux nations Mithridate détruit.

Elle eut lieu le 20 octobre, à l'issue de la
messe. Après une courte allocution, le roi,
poussé dans son fauteuil roulant, parcourut le
front du corps diplomatique. Le comte de
Goltz, ministre de Prusse, écrit dans un rapport
secret adressé à son souverain :

« Sa Majesté adresse comme de coutume des
phrases ordinaires à chacun de nous ; mais
arrivant à mon voisin, le baron de Vincent

ambassadeur d'Autriche, il lui dit à voix basse, assez haut cependant pour que j'aie entendu :

» — Donnez-moi la main.

» Et en la serrant affectueusement, Sa Majesté ajouta :

» — Pour plus d'une raison. »

On voit d'ici la scène. Le baron de Vincent se rengorge, tout fier d'avoir été l'objet de l'attention royale ; il répète même autour de lui le propos qui lui a été tenu :

« Mais, constate aigrement le comte de Goltz, il n'a pas voulu m'en donner l'explication. »

Et, crevant d'envie, le diplomate prussien, dans la suite de sa dépêche, se répand en propos acrimonieux contre l'Autriche :

« On sait qu'elle tâche toujours de profiter des démarches de ses alliés sans se mettre elle-même en avant. »

Ces choses sont dites très diplomatiquement, mais elles n'en révèlent pas moins le dépit de l'homme de Berlin et son ressentiment contre un collègue qui vient d'être honoré sous ses yeux d'une faveur qui ne lui a pas été accordée à lui-même.

Oui, vice allemand l'envie : on le voit se manifester de toutes parts et à tout propos. Lorsque, après la guerre de 1870, la France active le paiement de l'indemnité de cinq milliards qui lui a été imposée, le vieux roi Guillaume, en recevant l'ambassadeur de France, vicomte de Gontaut-Biron, le félicite de la vitalité de la France et de sa prospérité commerciale et financière :

— C'est merveilleux, lui dit-il, c'est admirable ! Quel pays vous êtes !

Mais l'ambassadeur ne se dissimule pas que sous la louange se cachent l'envie et aussi le regret de n'avoir pas exigé davantage de la nation vaincue.

Par la suite, envie et regret se trahiront souvent dans le langage du monarque et c'est sans doute en se le rappelant qu'au début de la guerre actuelle, son petit-fils, « sûr de vaincre », annonçait bruyamment qu'une fois victorieux, il imposerait à la France une indemnité de cinquante milliards.

Il y a loin de la coupe aux lèvres.

Bourreaux de sang

29 avril 1914.

C'était en 1870, à Pont-à-Mousson, au mois d'août, au cours des grandes batailles livrées autour de Metz. Bismarck avait établi là sa chancellerie, et lorsqu'il y revenait le soir, après avoir assisté dans l'état-major royal aux opérations militaires, il réunissait ses secrétaires autour de sa table, se plaisant à commenter devant eux les événements de la journée, non sans mêler souvent à ses réflexions quelques-uns des souvenirs de son existence passée. Son historiographe, Maurice Busch, nous ayant conservé la plupart de ces propos, nous pouvons y voir le chancelier péniblement impressionné par les pertes qu'avaient subies les armées allemandes autour de Courcelles, de Mars-la-Tour, de Gravelotte, en imputer la responsabilité aux généraux, aux défectuosités de leurs plans et surtout à leurs ambitions personnelles qui les poussaient à se jalouser et à se contrecarrer réciproquement toutes les fois qu'ils en trouvaient l'occasion. Leurs victoires, d'après Bismarck, n'étaient dues qu'à l'extrême endurance des soldats et à l'abus qu'on faisait de leur bravoure.

Une fois sur ce terrain, le chancelier ne décolérait plus.

— Oh ! je sais bien, grondait-il, qu'ils vous disent tous, à l'état-major, que si les 500.000 hommes que nous avons actuellement en France venaient à disparaître, il ne faudrait pas plus déplorer leur perte qu'on ne regrette celle des pions lorsqu'on prononce « l'échec et mat ». Mais c'est de la tactique facile que celle qui consiste à ne pas compter les pertes.

Comme suite à cette accusation générale, il s'emportait plus spécialement contre le général von Steinmetz, dont les troupes avaient été cruellement éprouvées :

— Oui, c'est un bourreau de sang, affirmait-il.

S'il était encore vivant, n'en dirait-il pas autant des généraux allemands d'aujourd'hui et ne leur infligerait-il pas la même flétrissure, ainsi qu'à l'empereur Guillaume II et au kronprinz? N'abusent-ils pas du courage et de l'endurance de leurs soldats lorsqu'ils les envoient à la mort en les faisant marcher par masses profondes contre l'ennemi !

Que sont les pertes occasionnées par la guerre de 1870 en comparaison des hécatombes de la guerre de 1914 ! En 1870, on a compté les morts de l'Allemagne par milliers ; c'est par millions qu'on les chiffre à cette heure avec celles de ses alliés, et sans qu'on puisse les considérer comme le prix de la victoire, puisque, de plus en plus, elle échappe à ces chefs si terriblement arrogants au début de la guerre et que l'échec de leur entreprise ridiculiserait quelque peu si le ridicule pouvait effacer et faire oublier leurs forfaits.

Ce qui d'ailleurs est intéressant à constater, c'est que si les odieuses méthodes employées dans la guerre actuelle par nos ennemis avaient déjà cours parmi eux, il y a quarante-cinq ans, elles y rencontraient encore des opposants et y soulevaient des critiques et des blâmes.

Un jour, arrive au quartier général allemand

un Américain de marque, le général Sheridan,
connu pour sa germanophilie. On le reçoit
comme un ami, et Bismarck l'invite à dîner.
Pendant le repas, on parle de Bazeilles. L'un
des convives, un Prussien, fait remarquer qu'on
a traité cette commune bien durement et qu'on
devrait mener la guerre d'une façon plus
humaine. Sheridan proteste : il trouve qu'il
faut traiter les populations avec la dernière
rigueur.

— Il faut les faire tellement souffrir, pro-
fesse-t-il, qu'elles demandent d'elles-mêmes la
paix et obligent leur gouvernement à la faire·
Ne leur laisser que les yeux pour pleurer, voilà
la bonne méthode.

On voit que les Bernhardi, les Tirpitz et leurs
princes n'ont rien inventé et que les pratiques
abominables auxquelles ils se livrent aujour-
d'hui étaient suggérées aux Allemands voici
quarante-six ans, conseils qui, d'ailleurs, tom-
baient sur un terrain largement préparé par le
militarisme prussien pour recevoir cette semence
et la faire fructifier.

Il est cependant remarquable que dans l'entourage de Bismarck on résistait encore à la
contamination. En nous répétant l'opinion de
Sheridan, Maurice Busch la considère comme

« quelque peu féroce ». Bismarck, alors, ne pensait pas différemment. On en trouve la preuve dans la réponse que, vers le même temps, il faisait au vieux prince Albrecht qui lui demandait des nouvelles de la comtesse de Bismarck :

— Elle se porte tout à fait bien maintenant. Elle souffre pourtant encore de sa haine féroce contre les Français. Elle voudrait les voir tous morts jusqu'aux enfants en bas âge *qui ne peuvent pourtant s'empêcher d'avoir d'aussi abominables parents.*

Mais il n'était pas homme à rester longtemps sans se convertir aux doctrines auxquelles il semblait d'abord répugner et qui faisaient autour de lui des prosélytes de plus en plus nombreux. Il montra qu'il était converti lorsque se posa la question de savoir si l'on bombarderait Paris pour l'obliger à capituler ou si, pour ne pas s'exposer à détruire ses monuments, on le réduirait par la famine. La reine d'Angleterre était intervenue et, par l'entremise de sa fille et du kronprinz, son gendre, à qui s'était jointe l'impératrice Augusta, elle insistait auprès de Guillaume Ier pour qu'il renonçât à bombarder la capitale. Le vieux roi, hésitant et perplexe, reculait sans cesse le bombardement, alléguant, au mépris d'ailleurs de la vérité, qu'il n'avait pas encore assez de munitions pour ouvrir le feu.

Ce mensonge irritait Bismarck ; sa colère éclate dans tous ses propos.

— La caractéristique des Hohenzollern, s'é-crie-t-il, c'est qu'ils se laissent mener par leurs femmes. Il n'est pas jusqu'au prince Charles, qui est loin d'être un bon mari, que sa femme ne conduise par le bout du nez. Quant au roi et au kronprinz, ils aiment à être loués. Ils aiment qu'on dise dans la presse anglaise et dans la presse française qu'ils sont grands et généreux. Ils ont assez des louanges des journaux alle-mands.

Cependant, sur ces entrefaites, le bombarde-ment est décidé. Mais, toujours soumis aux mêmes influences, le roi a consenti à laisser venir d'Angleterre et de Belgique autour de Paris des provisions de bouche pour ravitailler la capitale dès qu'elle aura capitulé. Bismarck est furibond à la pensée qu'il ne pourra pas laisser les Parisiens « crever de faim » pendant vingt-quatre heures, pour les punir d'avoir tant tardé à se soumettre. « Il s'arrache les cheveux de désespoir », écrit Maurice Busch.

— Quand je pense que c'est ma faute, gémit le chancelier. C'est moi qui, dans des conversations avec les diplomates, ai été assez stupide pour parler de la famine qui allait suivre la capitulation ! Alors, on a ouvert l'œil ; mais, sans cela, personne n'y aurait songé.

Il dira encore :

— Je crois que le meilleur système serait de donner des provisions aux Parisiens, puis de les laisser de nouveau mourir de faim, puis de leur donner encore des provisions. C'est le système de la bastonnade. Lorsque vous l'administrez sans discontinuer, ça finit par ne plus faire d'effet. Mais, si vous arrêtez et si vous reprenez, ah ! dame, ça fait plutôt mal !... Je le sais bien, j'ai été autrefois employé dans un tribunal criminel et, de temps à autre, on y appliquait la bastonnade.

C'est le 25 janvier 1871, à Versailles, qu'il tenait ce langage, si différent de celui qu'il avait tenu à Pont-à-Mousson au mois d'août précédent. Il prouvait ainsi qu'il s'était rallié aux méthodes conseillées par le général Sheridan, et qu'il méritait d'occuper une place dans la bande des grands criminels qu'il avait appelés lui-même des « bourreaux de sang ».

Une idée de Bismarck

16 mai 1916.

Au mois d'octobre 1870, alors que le quartier
général du roi de Prusse était installé à Versailles, le chancelier y tenait table ouverte et
y paradait devant ses convives, causeur intarissable, parlant de tout et sur tout avec l'autorité que lui donnaient sa gloire et la reconnaissance de son roi, tour à tour plaisant et
sévère, sincère ou menteur, oubliant volontiers
ce qu'il avait dit la veille de tel personnnage ou
de tel événement, le racontant à nouveau d'une
manière différente sans remarquer qu'il s'infli-
geait à lui-même un démenti, justifiant déjà le

jugement que devait plus tard porter sur lui
l'un de ses confidents :

« On ne peut avoir aucune confiance dans
ses récits parce qu'il croit souvent qu'il a dit
ou fait une chose alors qu'il a eu simplement
l'intention de la dire ou de la faire. Il raconte
un jour une histoire et la raconte le lendemain
tout différemment. »

C'est là une constatation dont il importe de
tenir compte quand on lit ses propos de table,
si l'on veut ne pas trop s'étonner de ce qu'ils
présentent souvent d'inexact ou de contradic-
toire. Tels qu'ils sont, ils nous révèlent moins
de la vérité que l'impulsivité du personnage,
sa mobilité, son esprit de ruse, son inconscience
et souvent aussi son imprévoyance.

Il s'en faut, d'ailleurs, que, dans ces mono-
logues, il s'applique toujours à paraître sérieux.
Il avait, naturellement, le goût de la raillerie
et il le prouvait à tout instant dans son langage
même quand il traitait d'affaires graves ou
encore dans les innombrables raisonnements
qui, vingt fois le jour, révélaient à ses auditeurs
la fécondité de son imagination. C'est ainsi qu'à
l'un de ces dîners de Versailles, on l'entend
s'écrier tout à coup :

— Vous ne savez pas, j'ai une idée excellente pour la conclusion de la guerre, c'est de nommer un tribunal international et de faire un procès à tous ceux qui ont été les instigateurs de cette guerre, journalistes, députés, sénateurs et ministres.

Et les convives d'applaudir à cette proposition ingénieuse, sans qu'aucun d'eux osât répondre au tout-puissant chancelier que si un pareil procès eût été intenté aux auteurs des guerres de 1864 et de 1866, livrées par la Prusse au Danemark et à l'Autriche, c'est lui qui aurait dû y figurer comme principal accusé, et de même en ce qui touche celle de 1870, puisqu'il avait avoué déjà qu'il y pensait dès 1864 et qu'au delà du Danemark et de l'Autriche, c'est la France qu'il visait.

Quoi qu'il en soit, l'un des auditeurs qu'a séduits ce projet d'une haute cour internationale lui répond en faisant remarquer que, parmi les accusés, il faudra comprendre Thiers. En célébrant, dans son *Histoire du Consulat et de l'Empire*, les victoires de Napoléon sur l'Autriche et la Prusse, cet écrivain a contribué à exciter les Français contre les peuples allemands.

— Pas seulement Thiers, réplique Bismarck, mais Napoléon III aussi ; il est moins innocent qu'il ne veut en avoir l'air.

Je fais grâce à mes lecteurs de la suite de l'entretien. Mais ne semble-t-il pas qu'en tenant le langage que je rappelle, le chancelier dictait par avance aux gouvernements alliés aujourd'hui contre l'Allemagne la conduite qu'ils devraient tenir lorsque la victoire leur aura donné le pouvoir d'imposer leurs conditions aux auteurs de la guerre? L'idée de Bismarck ne serait-elle pas alors bonne à reprendre et ne serait-il pas de toute justice et d'un grand exemple qu'on déférât à un tribunal siégeant souverainement et sans appel Guillaume II, François-Joseph et leurs complices?

Ce tribunal est tout indiqué : ce serait le congrès de La Haye ; il désignerait lui-même l'accusateur public. Quel acte d'accusation pourrait rédiger celui-ci et que de dépositions émouvantes et accablantes il aurait à recueillir !

Au banc des accusés viendraient s'asseoir, outre les deux empereurs, Ferdinand de Bulgarie, les chefs du parti Jeune-Turc : Enver-pacha, Talaat-bey, Djemal-pacha, puis toute la bande des hommes d'État austro-hongrois : Berchtoldt, Tisza, Burian, Forgash, qui profitèrent de la sénilité de François-Joseph pour l'entraîner dans cette tragique aventure, et le groupe des diplomates et écrivains prussiens :

von Bernhardi et ses pareils, publicistes, poètes, professeurs qui ont réveillé dans l'âme allemande le goût des atrocités en campagne ; puis von Tirpitz, Bethmann-Hollweg, von Jagow et les grands corrupteurs des nations étrangères : Bulow, Bernstorff, d'autres encore et surtout von Tscherschky, ambassadeur d'Allemagne à Vienne, rédacteur principal de l'ultimatum qui fut signifié à la Serbie le 23 juillet 1914.

De grands coupables manqueraient à l'appel, tels von Marshall et von der Goltz, dont la perfidie s'exerça à Constantinople et qui réussirent parfois à faire du harem le théâtre de leurs intrigues ; la mort les a libérés des responsabilités qu'ils ont encourues et les a fait échapper à l'expiation. Mais ils seraient aisément remplacés sur le banc d'infamie par le kronprinz et par le général de Moltke, dont ce répugnant héritier présomptif fut l'élève. A côté du futur empereur devrait s'asseoir aussi le prince royal de Bavière, qui a été comme lui un « bourreau de sang ». Jamais pareille troupe de malfaiteurs n'aurait comparu devant des juges et elle se grossirait, au cours des débats, de beaucoup d'autres personnages dont des témoignages auraient mis en lumière la culpabilité.

C'est moins de la guerre elle-même qu'ils auraient à répondre, bien qu'ils l'aient faite sans motif avouable, sans avoir été provoqués, que des trahisons et des perfidies à l'aide desquelles ils l'ont préparée et rendue inévitable et des méthodes scélérates qu'on les a vus appliquer et développer à la manière des barbares : violation des traités et du droit des gens, massacres d'innocents, arrestations d'otages, tueries de blessés, de femmes, de vieillards, d'enfants, incendies de villages, bombardement et destruction systématique de villes ouvertes, démolition des églises, emploi de gaz asphyxiants et de balles explosibles, procédés abominables, contraires aux lois de la guerre, multipliés avec un raffinement criminel pour terroriser les populations et les contraindre à supplier leur gouvernement de faire la paix, la paix à tout prix.

Pour faire expier aux coupables de si grands forfaits, les lois ne manqueraient pas ; il suffirait d'appliquer celles qui, dans tous les pays civilisés, punissent les actes de brigandage. Les plaignants et les témoins à charge ne seraient pas moins nombreux que les accusés. Au premier rang : Nicolas II, empereur de Russie ; le président de la République française, le roi d'Angleterre, le roi d'Italie, Albert, roi des

Belges, Pierre de Serbie, le petit souverain de Monténégro, puis le lamentable cortège des victimes qui auraient survécu à tant d'hécatombes. Par leur bouche, on entendrait les morts parler et requérir, en de véhémentes adjurations, une sentence qui vengerait la conscience humaine outragée par des hordes de bandits en vouant les chefs de ces misérab'es à la flétrissure de l'histoire et à l'exécration de la postérité.

Spectacle réconfortant et salutaire que celui qui serait ainsi donné au monde ! Il préviendrait sans doute pour longtemps, peut-être pour toujours, le retour des calamités déchaînées sur nous par la volonté de quelques hommes de proie, pour qui l'irréparable défaite qui les attend ne saurait être un châtiment proportionné à leur crime s'ils n'entraient dans l'histoire à jamais déshonorés par un jugement solennel des nations qu'ils voulaient asservir.

Ainsi l'idée qu'émettait, voici près d'un demi-siècle, le prince de Bismarck se réaliserait solennellement contre ceux-là qui se sont inspirés de son esprit pour constituer, au profit des Hohenzollern, un despotisme mondial encore sans exemple dans les annales de l'humanité. Malheureusement, il est fort douteux qu'un tel projet puisse prendre corps. Pour le faire aboutir, il faudrait aux alliés et aux victimes de la guerre moins de générosité d'âme et plus d'esprit de persévérance dans la haine. Il est à craindre qu'après la victoire nous n'ayons plus la volonté de haïr ni le désir de nous venger.

Et ce serait vraiment grand dommage !

Héritiers de couronne

28 mai 1916.

Il y a vingt ans, les quatre plus puissants souverains du monde, la reine d'Angleterre et les trois empereurs de Russie, d'Allemagne et d'Autriche-Hongrie, n'avaient à concevoir aucune inquiétude quant à la transmission directe de leur succession et quant à l'avenir de leur dynastie. Chacun d'eux avait un héritier présomptif qui promettait de se perpétuer dans ses enfants.

L'aîné de ces héritiers était le prince de Galles, le futur Édouard VII. Tenu systématiquement, par la volonté de sa mère, toujours si jalouse

de son autorité, à l'écart des affaires gouverne-
mentales, il semblait avoir pris son parti du
renoncement momentané auquel il était contraint et s'appliquer à employer son temps dans
une vie de distractions et de plaisirs. Mais, sous
ces apparences, il ne se désintéressait pas des
destinées de son pays. Gardant pour soi ses
appréciations et ses opinions, il se formait pour
lui-même un jugement dont on put apprécier
la sagesse aussitôt qu'il fut monté sur le trône.
C'était un esprit prévoyant, sain et parfaitement équilibré.

L'héritier de l'empire d'Allemagne, le kronprinz Frédéric, était doué, lui aussi, de dons
exceptionnels. S'inquiétant du despotisme que
Bismarck exerçait sur son père, il ne perdait
aucune occasion, sous l'influence de sa femme,
princesse d'Angleterre, de marquer combien lui
semblait périlleuse la politique du chancelier.
Malheureusement, un mal implacable l'avait
atteint aux sources de la vie et peut-être déjà,
désespérant de régner, s'attristait-il de voir son
fils, le prince Guillaume, témoigner à tout instant de son ardent désir de prendre sa place.

L'archiduc Rodolphe, héritier de l'empereur
d'Autriche, ne semblait pas impatient de posséder le pouvoir. Respectueux des volontés de

son père et n'ayant jamais rien fait qui témoignât d'un manque d'amour filial, il gémissait d'avoir vu l'Autriche livrée à l'Allemagne par le comte Andrassy et devenir sa vassale. Mais, déprimé par une existence de débauche, à laquelle son mariage avec la princesse Stéphanie, fille du roi des Belges, n'avait pas mis fin, il apparaissait comme incapable, le jour où il serait le maître, de réagir pour délivrer son pays d'un asservissement humiliant. Souvent, il exprimait en paroles amères son indignation et ses regrets ; mais son langage conservait toujours un caractère confidentiel et ne dépassait pas les limites de son entourage le plus intime.

En Russie, le tsaréwitz Nicolas se faisait remarquer par sa soumission à ses parents et par la tendresse qu'il leur prodiguait. Il promettait de continuer avec honneur la dynastie des Romanoff.

En dépit de ces différences entre les quatre héritiers qu'on voyait alors en scène, la transmission régulière des pouvoirs, telle qu'elle se pratique dans les maisons régnantes, ne paraissait menacée nulle part et la reine d'Angleterre et les trois empereurs étaient autorisés à dormir en repos. Cependant, à la faveur d'entrevues, de visites, de réunions familiales, dans l'intimité

d'une existence dépourvue de cérémonie et d'éti-
quette, les caractères se dessinaient, des sympathies et des antipathies se créaient qui plus
tard n'ont pas été étrangères à la marche de
certains éléments. Telle était donc la situation
à l'époque vers laquelle nous sommes remontés.

Brusquement, deux ans plus tard, tout chan-
geait; l'empereur Guillaume Ier étant mort, son
fils lui succédait sous le nom de Frédéric III ;
mais, comme on le sait, son règne ne fut qu'un
interrègne et le prince Guillaume voyait ses
espérances se réaliser prématurément.

Il montait sur le trône en quelque sorte au
bras du prince de Bismarck, à propos duquel il
affectait de dire qu'il ne s'en séparerait jamais·

Il ne portait la couronne que depuis quelques
jours, lorsqu'à l'improviste l'archiduc Rodolphe
d'Autriche périssait tragiquement à Mayerling,
obligeant son père à chercher son successeur
dans la branche collatérale de sa maison. A ce
moment deux héritiers, le prince de Galles et
le tsaréwitz Nicolas, attendaient la succession
qui leur était destinée. Mais ils ne se montraient
pas pressés de la recueillir.

Ainsi, sur les quatre princes dont quelques
années plus tôt l'Europe suivait déjà avec intérêt les démarches et les gestes, le premier pourvu

avait été le fils de Frédéric III, ce prince Guillaume, qui devait être un jour pour l'humanité contemporaine un artisan de catastrophes. Du reste, son avènement inquiétait le monde ; il avait été mauvais fils et dans sa famille même on ne le lui pardonnait pas. Son ami, l'archiduc Rodolphe, plusieurs mois avant de mourir, s'était brouillé avec lui, indigné de sa conduite envers ses parents. Son oncle, le prince de Galles, ne lui était pas moins sévère ; et, encore que ce futur roi le tînt pour fou, comme il le disait, il fuyait sa présence, craignant de laisser éclater devant lui une légitime colère. Le prince était à Vienne, en visite chez Rodolphe, lorsqu'on annonça l'arrivée prochaine de son neveu. L'archiduc s'écria :

— Nous sommes brouillés ; je ne veux pas le voir.

— Moi non plus, répliqua le prince de Galles.

Et le même jour, ils partaient pour aller chasser en Bohême.

Un peu plus tard, à l'instigation de la reine Victoria, venue à Berlin peu de jours avant la mort de son gendre l'empereur Frédéric III pour assister sa fille en ces douloureuses circonstances, il y eut une réconciliation générale. Mais elle fut plus apparente que réelle et n'eut d'autre effet que de rendre possibles les relations entre les parents divisés. C'est ce caractère qu'elles ont conservé, même lorsque le prince de Galles fut devenu roi d'Angleterre. On se voyait, on se visitait ; des intérêts dynastiques et nationaux rendaient nécessaires ces rapprochements, mais les sentiments d'Édouard VII ne se modifièrent pas. L'Entente-Cordiale n'a pas été seulement la conséquence de plans politiques dont nous pouvons apprécier aujourd'hui l'intérêt et la sagesse ; ce fut aussi une expression des dispositions malveillantes du roi pour son neveu, duquel il avait dit un jour au roi Carol de Roumanie :

— Il ne m'inspire que du dégoût !

Guillaume II ne méritait pas mieux et c'était l'opinion du souverain roumain, qui le considérait comme un menteur et un envieux. On a récemment raconté qu'à la veille de la guerre, l'empereur lui fit demander conseil comme s'il cherchait un encouragement pour ses desseins belliqueux. Carol déclara d'abord qu'il ne voulait pas intervenir dans des questions de famille, car selon lui il n'y avait pas autre chose dans les mobiles auxquels obéissait l'empereur.

Puis l'envoyé insistant pour avoir un avis, il ajouta :

— On l'a affolé en lui faisant craindre d'être renversé et remplacé par son fils ; ils se haïssent, et Guillaume a le tort de prendre au sérieux les intrigues d'un enfant méchant dont il pourrait d'un mot arrêter la rébellion. La jalousie de l'un contre l'autre a toujours été un des traits dominants du caractère des Hohenzollern. Dites à votre empereur que ses appréhensions quant aux desseins agressifs de la Russie et de l'Angleterre sont entièrement dénuées de fondement. Le seul conseil que son vieux parent puisse lui donner est de prendre une potion calmante et de se mettre au lit après l'avoir prise. La nuit, dit-on, porte conseil, et ce qu'il peut faire de mieux, c'est de tâcher de ne pas trop penser aux mauvais desseins de son fils. Les ambitions de ce garçon ne sont certainement pas plus coupables que celles qu'il a caressées lui-même pendant le court règne de son père. »

J'ignore si ce langage a été réellement tenu, mais, en tous cas, il exprimait non seulement l'opinion du roi Carol, mais encore une vérité dont nous possédons maintes preuves. Le kronprinz actuel, être méprisable par l'esprit et par le cœur, en qui semblent se résumer toutes les tares d'une race maudite, est aujourd'hui pour son père ce que fut celui-ci pour Frédéric III.

Personne n'a perdu le souvenir de l'attitude que le prince impérial affecta au lendemain de l'affaire d'Agadir, lorsqu'elle venait d'être réglée pacifiquement entre l'Allemagne et la France. Non seulement il encouragea contre son père les fureurs du parti militaire prussien, mais encore on le vit, dans la fameuse séance du Reichstag, où le traité fut l'objet d'attaques véhémentes, laisser tomber, du haut de la loge impériale où il avait pris place, de bruyants applaudissements à l'adresse de l'opposition.

Il suffit d'évoquer ces souvenirs, auxquels on en pourrait ajouter d'autres non moins significatifs, pour que s'éveille en chacun de nous un vif désir de savoir ce que se disent aujourd'hui le père et le fils quand ils se rencontrent. Si nous l'ignorons encore, nous pouvons du moins nous le figurer, et ce n'est assurément à l'avantage ni de l'un ni de l'autre. Au surplus, cette réciprocité de la haine, dont ils semblent tous deux également animés, loin de nous déplaire, est de nature à nous rassurer. Il est dit dans l'Écriture : « Toute maison divisée périra. »

Autour de deux décorations

14 juin 1916.

Les journaux ont annoncé, il y a peu de jours, que le président de la République, lors de son dernier voyage sur le front belge, a décerné la Croix de guerre aux princes Sixte et Xavier de Bourbon-Parme, sous-lieutenants d'artillerie dans l'armée du roi Albert. La nouvelle n'a pas laissé de causer quelque surprise. Beaucoup de gens ignoraient, en effet, que les deux princes étaient au service des nations alliées et combattaient contre les Austro-Allemands. Eux-mêmes avaient évité de le répandre et dans les mondes politique et militaire belges on affectait de l'ignorer. La distinction dont ils viennent d'être l'objet permet de ne plus faire mystère de leur présence sur la ligne de feu. Ils se trouvent ainsi mêlés, à visage découvert, en des conditions particulièrement honorables, à cette guerre entreprise par l'Allemagne contre leur pays d'origine, à laquelle, en leur qualité de Bourbons, ils ont tenu à honneur de prendre part.

Agés l'un de vingt-huit ans, l'autre de vingt-cinq, ils sont les descendants de cette maison de Bourbon-Parme, jadis souveraine en Italie, dépossédée aujourd'hui comme celle de Naples et dont le chef actuel n'a pas eu moins de dix-huit enfants. A l'origine de ces branches des Bourbons italiens, on trouve celle des Bourbons d'Espagne, à laquelle elles se rattachent, et toutes trois, au même titre que celle des Bourbons de France, constituent par conséquent, quoique sans droits à la couronne, la postérité directe d'Henri IV et de Louis XIV. C'est donc du beau sang français qui coule dans les veines des deux princes. Comment s'étonnerait-on qu'au début de cette guerre il leur ait parlé et qu'ils aient aussitôt répondu à son appel?

La situation, il faut le reconnaître, était singulièrement difficile pour eux. Alliés à la famille impériale d'Autriche, engagés au service de

l'empereur, ils vivaient d'autant plus rapprochés de la cour de Vienne que leur sœur, la princesse Zita, a épousé un neveu du vieux monarque, l'archiduc Charles-François-Joseph, devenu
l'héritier de la couronne austro-hongroise, par
suite de la mort tragique de François-Ferdinand
à Sarajevo. Cette jeune femme, dans laquelle
les Autrichiens saluent aujourd'hui leur future
impératrice et les Hongrois leur future reine, a
toujours été considérée comme d'esprit plus
ouvert que son mari et comme aimant passionnément la France. Il n'est pas de Français ayant
vécu à Vienne peu ou prou qui ne soit fixé à cet
égard et qui n'ait su, par expérience personnelle
ou autrement, avec quelle cordialité étaient
reçus au palais de l'archiduc, avant que celui-ci
eût été déclaré prince héritier, ceux de nos compatriotes qui s'y présentaient. La princesse s'in-
téressait à notre littérature, lisait nos livres et
aimait à en parler avec nos compatriotes. Mais,
la guerre déclarée à son grand désespoir, elle dut
mettre une sourdine à ses sentiments, et ses
frères ayant négligé de la consulter avant de
passer en France, l'embarras dans lequel elle se
serait trouvée s'ils lui eussent fait part de leur
projet lui fut épargné.

Du reste, pour imposer silence aux clameurs

que leur conduite ne pouvait manquer de sou-
lever, ils avaient recouru au moyen le plus efficace : ils avaient sollicité l'agrément de l'empereur.

— Faites votre devoir, leur avait-il répondu.

C'était comme une approbation formelle qu'il
leur donnait et que confirma bientôt le langage
du prince héritier lui-même. Un soir, dans une
réunion de famille, comme on discutait devant
lui sur la conduite des princes Sixte et Xavier,
et qu'un de leurs cousins tenait sur eux un langage acerbe, leur reprochant d'avoir déserté la
cause austro-allemande, l'archiduc s'écria :

— Ils sont bien libres de faire ce qui leur plaît.

A ce moment leur résolution était prise ;
mais ils ne savaient pas encore comment ils
l'exécuteraient. C'est en France qu'ils commen-
cèrent leurs démarches par l'entremise d'un
diplomate. Il se fit leur interprète en demandant
qu'on les enrôlât comme volontaires, dût-on ne
pas les pourvoir d'un grade ; ils ne voulaient que
se battre. Malheureusement, ils appartenaient
à une famille ayant régné sur la France, la loi
ne permettait pas de leur donner satisfaction,
et c'est ce qui leur fut répondu. Mais, que ne
s'adressaient-ils à un gouvernement étranger,
ajoutait-on. On serait heureux de les appuyer

et de seconder des intentions qui leur faisaient grandement honneur.

Les démarches entreprises dans ce sens n'aboutirent pas mieux que les précédentes. L'Angleterre, antérieurement saisie de demandes analogues du duc d'Orléans et du prince Victor, avait dû les écarter et ne pouvait se déjuger. Réponse pareille du côté russe.

Restait la Belgique. Là, ce fut une autre difficulté. Les règlements militaires belges n'autorisent pas l'admission d'étrangers dans l'armée et, pour ce motif, on n'avait pu faire droit à une requête du duc de Vendôme, beau-frère du roi Albert, qui aurait bien voulu servir. Il semblait donc que le louable et courageux effort des deux princes de Bourbon-Parme fût voué à un échec. Mais ils ne s'étaient pas découragés, ce en quoi ils avaient raison, puisqu'au dernier moment leur arriva le secours le plus puissant et le plus efficace. Cousins de la reine des Belges, ils s'étaient adressés à elle et, aussitôt, elle intervenait avec l'autorité d'une femme à qui son héroïsme a donné le droit de parler. Puisqu'on ne pouvait les admettre comme combattants, ne pouvait-on les pourvoir d'un emploi plus humble, moins en vue, celui de brancardier, par exemple ! Aller ramasser les blessés sur le champ

de bataille, sous les obus et les balles, n'exige
pas moins de courage et de sang-froid qu'une
ruée sur l'ennemi, un fusil à la main. L'offre
leur fut faite et ils l'agréèrent avec reconnaissance. C'était un premier pas vers le but pour-
suivi. Les princes Sixte et Xavier de Bourbon-
Parme débutèrent donc à l'armée belge comme
brancardiers et, dans cet emploi, on les vit toujours et partout s'exposer et travailler en vaillants fils de France et en dignes fils de rois.

Cependant, ce n'était pas là le rêve entrevu
et ils ne perdaient aucune occasion de le laisser
entendre. Un jour est venu où, à la faveur du
bon vouloir qu'ils s'étaient assuré parmi les
chefs, le corps de l'artillerie leur a été ouvert ;
ils y sont entrés comme sous-lieutenants et, en
bons chiens de race qu'ils sont, ils ont su bien
vite s'y distinguer. Présentés au président de
la République avec tout un groupe d'officiers
belges, ils ont reçu la récompense qu'ils avaient
méritée et qui attestera qu'ils se sont rappelé
leur origine française en un moment où c'était
un devoir de s'en souvenir.

Dans cette histoire qui s'est déroulée en
marge de la guerre et à l'insu du grand public,
il est singulièrement piquant de voir figurer dans
une attitude quasi-sympathique l'empereur

d'Autriche. Lorsqu'aux deux princes qui sont venus lui annoncer leur résolution et prendre congé de lui il recommande de « faire leur devoir », ce vieillard, sur la mémoire duquel pèsera éternellement la responsabilité de la guerre actuelle, sans parler de tant de crimes qu'il a commis ou laissé commettre et de ceux qu'il autorise encore aujourd'hui dans ses provinces tchèques et dans les pays serbes, ce vieillard, dis-je, nous donne l'impression d'un chef de malfaiteurs qui, tout à coup, s'humaniserait comme pour atténuer sa culpabilité et se laisserait aller à des paroles généreuses. Comment ne pas s'étonner de les entendre dans sa bouche?

Au surplus, ce n'est pas seulement en cette circonstance que François-Joseph nous a causé cette surprise. Lorsque, vers la même époque, l'un des fils du comte d'Eu, le prince Antoine d'Orléans, qui servait depuis treize ans comme officier dans l'armée autrichienne, va lui déclarer qu'il ne peut porter les armes contre la France, sa patrie, et lui demander de le relever de son serment de fidélité, le vieux monarque lui répond :

— C'est fait ; je vous approuve.

Il convient d'ajouter que si, dans la famille impériale et dans son entourage, la conduite des princes d'origine française a été l'objet de

quelques critiques, elle n'a excité ni courroux,
ni indignation. Les critiques sont restées ano-
dines. D'ailleurs, s'il y avait eu des colères en
perspective, l'approbation donnée par l'empereur les aurait conjurées. Ne fallait-il pas tenir
compte aussi de l'indulgence manifestée par
l'archiduc héritier envers ses beaux-frères qu'il
sait être les préférés de sa femme? Quant à celle-
ci, la princesse Zita de Bourbon-Parme, elle
n'avait jamais caché ses sentiments pour la
France et n'a pu qu'applaudir au geste de ses
frères. Si aujourd'hui, se sachant surveillée, elle
est obligée de se contenir et de se rappeler que
son mari doit régner sur l'Autriche-Hongrie,
il n'est pas cependant téméraire de supposer
qu'elle n'en conserve pas moins l'espoir qu'un
jour viendra où l'empire, libéré de l'influence
de Berlin, pourra se dégermaniser.

Cette hypothèse que d'autres que la future
souveraine ont entrevue n'est pas irréalisable
et déjà, en 1892, Bismarck le constatait.

— L'alliance austro-allemande n'est pas une
institution éternelle, disait-il. Son partisan le
plus convaincu en Autriche, le seul peut-être,
c'est l'empereur. Il se peut donc que l'Autriche
se refuse un jour à la renouveler et l'Allemagne
doit se faire à cette idée.

L'ex-chancelier avait de bonnes raisons pour
parler ainsi. Il savait que la famille impériale
d'Autriche était divisée sur ce chapitre de l'alliance avec l'Allemagne et que l'empereur seul,
inclination naturelle ou nécessité, y était attaché. Mais l'archiduc Rodolphe, son fils, souhai-
tait qu'elle prît fin, car il la jugeait humiliante
et plus nuisible qu'utile pour son pays. Ce fut
aussi après sa mort l'opinion de son successeur,
le prince héritier François-Ferdinand. J'ai eu
dans les mains un rapport diplomatique de ce
prince, où sont reproduits les propos irrités que
lui suggérait le spectacle de son pays inféodé à
l'Allemagne. Tout ce que l'orgueil blessé, l'im-
patience d'un joug insupportable peuvent inspi-
rer à un jeune homme qui sent son humiliation
et son impuissance, François-Ferdinand l'avait
exprimé devant l'attaché militaire russe, sous
une forme haineuse et passionnée, allant jusqu'à
la grossièreté. Il n'a pas été démontré que lorsqu'il fut assassiné ses sentiments eussent changé.
En tous cas, il ne serait pas surprenant qu'ils lui
aient survécu dans la mémoire et dans le cœur
de la future impératrice d'Autriche-Hongrie et
s'y soient retrouvés au moment où ses frères
partaient pour la France.

Le comte de Radowitz
chez les Turcs

30 juin 1916.

Le personnage dont j'inscris le nom en tête
de ce récit a disparu depuis longtemps de la
scène du monde. Mais, grand favori du prince
de Bismarck qui volontiers le mettait à toutes
sauces, diplomate entreprenant et actif, il
eut son heure de célébrité dans les chancelleries
européennes. En 1887, il avait été nommé ambassadeur d'Allemagne à Constantinople ; il
occupa ce poste durant plusieurs années et
même après que son illustre protecteur eut
encouru la disgrâce de Guillaume II. Il y était
encore en 1892, s'appliquant avec persévérance

à mener à bonne fin la mission dont il était chargé et qui consistait à prussifier aussi rapidement que possible le sultan Abd-ul-Hamid et son gouvernement.

Ce qui le distinguait de ses collègues du corps diplomatique accrédités comme lui auprès de la Sublime-Porte, c'est que, toujours désireux d'accentuer l'action personnelle qu'il prétendait exercer sur le sultan, il cherchait sans cesse à multiplier les occasions de se rencontrer avec lui. Mais il n'était pas facile de les provoquer. Le Commandeur des croyants était un homme terrible, capricieux et fataliste, mobile et superstitieux, tel en un mot qu'il échappait le plus souvent à l'action de l'ambassadeur allemand. C'était une situation déplaisante pour celui-ci, que ses collègues raillaient volontiers, et à laquelle il s'était efforcé de mettre un terme. A cet effet, il n'avait rien trouvé de mieux que de faire venir à Constantinople, à des intervalles assez fréquents, des cadets de familles princières dépourvus d'apanage, et qui, à défaut de fortune, cherchaient dans les rangs de l'armée un lustre que leur pauvreté et leur inutilité leur refusaient. En Allemagne, ces parents pauvres des familles régnantes sont encore nombreux aujourd'hui; ils ne l'étaient pas moins à l'époque vers laquelle je ramène mes lecteurs. C'est ainsi qu'on avait vu, de 1887 à 1892, se succéder à l'ambassade d'Allemagne, à titre de visiteurs ou de touristes, plusieurs jeunes princes et petits ducs.

Le comte de Radowitz ne se contentait pas de se faire leur cicerone dans les mosquées et les bazars de Stamboul. Leur séjour dans la capitale ottomane avait pour lui un autre avantage. Le sultan, par ses soins, était habilement préparé à leur venue ; on lui faisait comprendre que ces « grands princes », cousins de l'empereur Guillaume II, lui apportaient, à lui sultan, les vœux de son impérial ami et qu'une audience, accompagnée d'un dîner de gala, était un moyen tout indiqué pour permettre au visiteur de s'acquitter de son message : le dîner éblouissait l'Altesse Sérénissime, mais l'audience servait à l'ambassadeur.

En cette année 1892, celui-ci éprouva le besoin de voir le sultan plus fréquemment que ne le comportait l'usage. Trouvant trop rares les audiences qui lui étaient accordées, il eut recours au système qui lui avait déjà réussi et demanda à son gouvernement de faciliter sa tâche en lui envoyant un jeune prince, dont il se ferait un instrument docile à ses desseins.

On lui en envoya un tout à fait charmant, paraît-il, charmant surtout d'aspect et de formes s'entend, car il ne semble pas avoir beaucoup brillé par l'esprit pendant son séjour à Constantinople, qui, d'ailleurs, comme on va le voir, fut de courte durée.

Il se nommait Karl de Hohenzollern de Sigmaringen ; il était lieutenant dans un régiment d'artillerie hessois, en garnison à Cassel. C'est là qu'un matin, un télégramme envoyé de Berlin par le cabinet de l'empereur lui avait apporté l'ordre de partir sur-le-champ pour aller se mettre à la disposition du comte de Radowitz. Lorsque quelques jours plus tard, il débarqua sur les rives du Bosphore, il avouait très ingénument qu'il ignorait pourquoi on l'avait mandé.

Il ne tarda pas à être présenté au sultan, et tandis que ses regards étaient éblouis par les reflets de la plaque de l'Osmanié en brillants que portait le souverain, Radowitz en profitait pour chanter à Sa Majesté un de ses refrains habituels sur la prédominance de l'Allemagne en Europe et sur l'amitié désintéressée et profitable d'un empereur qui tenait à lui envoyer fréquemment par les membres de sa famille le témoignage répété de son sincère attachement, puis en fin de compte sur l'obligation qui s'imposait à lui de charger l'Allemagne non seulement des intérêts de son armée et de son industrie, mais aussi du soin de régler ses affaires extérieures ! Les choses se passèrent d'ailleurs comme l'ambassadeur le prévoyait, et le surlendemain le prince Karl était invité à dîner au palais, dîner de gala que devait suivre une représentation théâtrale et auquel tout naturellement devaient assister le comte de Radowitz et le personnel de son ambassade.

Ainsi qu'il est dit dans une vieille romance le banquet fut magique, et si le jeune Karl, muet par ordre, resta silencieux, l'ambassadeur ne se fit pas faute de développer, en un langage que l'interprète transmettait au sultan, les assurances du dévouement désintéressé que Guillaume II professait pour Abd-ul-Hamid et pour ses sujets.

Après le dîner, on passa dans la salle de spectacle. Pour y parvenir, il fallait traverser un couloir assez étroit, dont les murs étaient cachés par des paravents. Comme le cortège impérial suivait ce chemin, un de ces paravents, sous la pression d'un courant d'air, s'agita sur le passage du sultan et fit mine de s'incliner. Le prince Karl, qui marchait derrière Sa Majesté,

tendit la main et le remit en équilibre. Personne
n'avait remarqué l'incident, sauf cependant le
comte de Radowitz, qui trouva l'occasion propice pour rehausser le prestige de son pays en
prouvant au sultan qu'en cas de danger, l'Allemagne était toujours là et la première pour lui
prêter main-forte.

Le même soir, il expédiait à Berlin un télégramme sensationnel dans lequel le paravent
était devenu cloison, une cloison qui allait
s'écrouler sur le souverain au risque de l'ensevelir sous ses débris, lorsque le prince Karl,
d'une main ferme, était intervenu et avait peut-
être empêché un malheur irréparable.

Au reçu de cette dépêche, l'empereur Guillaume répondait par des félicitations envoyées
à Constantinople, et, non content de cette démarche, il se transportait chez Tewfik-pacha,
ambassadeur de Turquie à Berlin, afin de lui
exprimer la joie qu'il venait de ressentir en
apprenant qu'Abd-ul-Hamid avait échappé à un
si grand péril. Tewfik-pacha ne savait pas le
premier mot de cette histoire. L'apprenant de
la bouche de l'empereur, il se plaignit à son
gouvernement de n'en avoir pas été averti, et,
par conséquent, de n'avoir su que répondre au
visiteur impérial.

Tandis qu'à Constantinople et à Berlin les chancelleries subissaient plus ou moins l'influence de ces agitations, Abd-ul-Hamid, qui d'abord les avait ignorées, en était prévenu et le prétendu danger qu'il avait couru sans s'en apercevoir prenait dans son esprit, voué à la superstition et au fatalisme, des proportions extraordinaires. Loin d'être reconnaissant envers le prince Karl qui, au dire de Radowitz, lui avait peut-être sauvé la vie, il s'écriait :

— Mais, si j'ai couru un danger, c'est à la présence de ce jeune homme que je le dois. C'est donc un oiseau de malheur ! Je ne veux plus le voir. Que dès demain on lui envoie des présents avec mes souhaits de bon voyage et qu'on l'invite à retourner en Allemagne ; il n'a plus rien à faire ici.

Il fut fait ainsi qu'il l'ordonnait et le prince Karl, au grand déplaisir du comte de Radowitz, dut quitter le territoire de l'empire ottoman sans avoir même été autorisé à se livrer à quelques excursions qui lui eussent permis de le mieux connaître.

En arrivant, il avait dit :

— J'ignore pourquoi je viens.

En partant, il disait :

— J'ignore pourquoi je m'en vais.

A l'époque où se déroula cette aventure, on en
fit des gorges chaudes à Constantinople et à
Berlin, dans le monde diplomatique. Mais je
n'ai pas le souvenir qu'il en ait été question
alors dans la presse, et je crois bien qu'elle est
racontée aujourd'hui pour la première fois ; il
me paraît donc nécessaire, pour en démontrer
l'authenticité, d'ajouter que j'en ai trouvé le
récit dans un rapport d'ambassadeur, conservé
dans des archives d'État, au même titre que
d'autres pièces bien autrement importantes.
Celle-ci a tout au moins l'avantage de prouver
une fois de plus que dès ce moment l'Allemagne
avait entrepris de prussifier la Turquie et qu'elle
y employait les grands et les petits moyens.

La haine allemande

16 juillet 1916.

Depuis le début de la guerre, je me suis maintes fois demandé quelle est celle des puissances alliées pour qui les Austro-Allemands nourrissent le plus de haine et je confesse qu'il n'est pas aisé de répondre à cette question. La presse germanique et les discours officiels offrent à cet égard des variations qui ne permettent guère de se prononcer avec certitude. Le kaiser, faisant allusion à la France dans une proclamation à ses armées, l'a appelée « notre plus grande ennemie », et, la semaine dernière, le prince Léopold de Bavière a dit : « La France,

notre principale ennemie... » Mais, l'autre jour,
le ministre austro-hongrois baron de Burian,
dans une lettre adressée au comte Tisza et lue
par celui-ci au Parlement de Pesth, a laissé
entendre que la plus grande ennemie des empires
centraux, c'est l'Angleterre. Poussant le mensonge jusqu'à l'impudence la plus caractérisée,
il lui a imputé la responsabilité de la guerre en
des termes aussi haineux que menteurs. Le
cabinet de Vienne nourrit d'ailleurs des sentiments analogues contre la Russie, qu'il accuse
formellement d'avoir provoqué la conflagration
générale par son intervention au profit des
Serbes.

D'autre part, l'Allemagne ne s'est pas exprimée avec moins de violence contre les Russes.
Elle était allée déjà à leur égard plus loin que
les paroles. Tout le monde se rappelle avec quel
mépris des usages, des convenances et du droit
des gens furent traités les sujets du tsar qui se
trouvaient en pays germanique lorsque éclata
la guerre, voire les membres du corps diplomatique, et de quels procédés ignobles ils furent
victimes. A Berlin, M. Jules Cambon, notre
ambassadeur, n'eut pas plus à se louer de la
conduite que la Wilhelmstrasse tint envers lui
et envers le personnel de l'ambassade. On a pu

lire dans le *Livre Jaune* le récit de son départ
de Berlin et de son voyage dans la direction de
Copenhague, et il faut bien reconnaître qu'il y
avait de la haine dans les traitements qui lui
furent infligés.

Le ministre de France en Bavière, M. Alizé,
fut plus heureux. En lui demandant de partir
sans délai, on lui fit remarquer que si l'on pres-
sait son départ, c'était afin qu'il eût quitté
Munich avec sa famille lorsque serait affichée
la déclaration de guerre et lui éviter le spectacle
des manifestations hostiles auxquelles pourrait donner lieu cet affichage.

La courtoisie dont on fit preuve envers lui
en Bavière se renouvela à Berlin pour sir E. Goschen, l'ambassadeur d'Angleterre. Après un
entretien assez pénible avec von Jagow, secré-
taire d'État aux affaires étrangères, il avait
voulu prendre congé du chancelier Bethmann-
Hollweg. Chez celui-ci, il fut l'objet de plaintes
véhémentes qui toutefois n'allèrent pas jusqu'à
l'injure. On connaît le rapport dans lequel ce
diplomate a raconté l'émouvant entretien, désormais historique, qu'il eut avec le chancelier et au
cours duquel celui-ci ne sut ni cacher la décep-
tion que lui causait l'intervention du gouvernement britannique à laquelle il était si loin de

s'attendre, ni contenir la colère que le langage de l'ambassadeur allumait en lui. Sous la correction de la forme, le sien respire la haine et c'est encore de la haine qui éclate dans les propos que tint l'aide de camp de Guillaume II à sir E. Goschen en lui rapportant les décorations et les brevets de grades dans l'armée et la marine anglaises que l'empereur allemand tenait du roi d'Angleterre. L'ambassadeur remarque en passant que la colère impériale « ne perdit rien » à être exprimée par le messager. Aussi ne peut-on que s'étonner de voir le représentant de la Grande-Bretagne jouir jusqu'à la fin de son séjour à Berlin de prévenances et d'attentions qu'on avait refusées quelques heures avant aux envoyés de la France et de la Russie, voire à l'impératrice douairière de Russie, à laquelle, durant son voyage de Londres à Pétrograd, le passage par l'Allemagne fut refusé.

De quelque côté qu'on regarde la conduite de l'Allemagne à cette époque envers les puissances de l'Entente, on la voit prodiguer la haine et en multiplier les témoignages, sans qu'on puisse préciser sur laquelle d'entre elles ce flot bourbeux a été versé avec le plus d'abondance. Un jour, c'est la France qui est plus spécialement haïe, le lendemain c'est la Russie, une autre fois c'est l'héroïque peuple belge à qui l'on ne pardonne pas, même martyrisé, d'avoir fait avorter le plan initial allemand, et c'est aussi l'Angleterre. Il semble aujourd'hui que c'est sur celle-ci que tombe avec le plus de fureur le ressentiment teuton. N'est-elle pas la principale organisatrice du blocus? Si la flotte allemande est prisonnière dans ses ports, si l'Allemagne se voit menacée d'être privée des ressources matérielles nécessaires à la vie, n'est-ce pas à l'Angleterre qu'elle le doit? Et n'est-ce pas un comble tout à fait irritant pour les Allemands que cette nation dont ils raillaient l'impuissance militaire et prédisaient l'anéantissement ait fini par mettre sur pied une armée superbe, pourvue d'un formidable matériel de guerre? Ils n'ont pas voulu d'abord en croire leurs yeux ; ils se contentaient de rire et de se moquer. Mais, maintenant qu'il a fallu se rendre à l'évidence, leur fureur ne se contient plus et ils en reviennent à cette conclusion que c'est l'Anglais qui est le plus grand ennemi de l'Allemagne.

L'idée n'est pas nouvelle à Berlin. Elle y prit naissance le jour où la fille aînée de la reine Victoria ayant épousé le kronprinz Frédéric arriva en Prusse. A peine débarquée, elle déplut à Bismarck autant qu'il lui déplut à elle-même.

C'était avant la guerre de 1864-1866. L'homme
de fer n'était pas encore en possession de l'omni-
potence qui lui fut dévolue après la victoire de la
Prusse sur l'Autriche. La princesse ne disait pas
encore de lui, ainsi qu'elle l'a dit plus tard :

« Cet homme est un nouveau Cromwell. »

Mais elle était déjà à ses yeux « l'Anglaise »,
c'est-à-dire la femme dont l'influence sur son
mari contribuait à contrarier les projets du chancelier. Quand le kronprinz blâmait la politique
bismarckienne, quand il la critiquait publiquement, quand il résistait aux ordres de son père,
qui exigeait en vain qu'il désavouât ses critiques,
c'est la princesse impériale que Bismarck accusait de faire du prince un rebelle. Il ne perdait
aucune occasion de mettre le vieil empereur en
défiance contre le ménage. Sans l'intervention de
l'impératrice Augusta, qui aimait sa bru et la
défendait toujours, les différends accidentels
exploités calomnieusement par Bismarck eussent
provoqué de poignants drames de famille, et
notamment pendant la guerre de 1870, alors que
le chancelier, ainsi qu'il l'a avoué plus tard, ne
craignait pas de laisser entendre à l'empereur
que le kronprinz révélait à la cour d'Angleterre, par l'intermédiaire de sa femme, les projets prussiens et certains secrets d'État.

Après la constitution de l'Empire allemand, la haine de Bismarck contre l'Anglaise ne connut plus de bornes. Maintes fois, on l'entendra la manifester avec brutalité pendant sa dictature. Parlant de la princesse, qu'il traite en ennemie, il dira :

« C'est une Anglaise. Nous n'avons pas de chance sous ce rapport. Lorsque nos princesses à nous se marient à l'étranger, elles cessent d'être prussiennes et adoptent complètement leur nouvelle patrie. Les princesses étrangères, au contraire, lorsqu'elles se marient chez nous, non seulement ne deviennent pas Allemandes, mais conservent soigneusement leur nationalité d'origine et font passer les intérêts de leur pays avant les intérêts du nôtre. »

Par la suite, il accusera la princesse plus formellement encore.

« Elle n'a jamais fait que propager l'influence de l'Angleterre, que servir les intérêts de l'Angleterre. Et aujourd'hui, elle le fait plus que jamais. »

Quand il formulait mensongèrement ce grief, elle était impératrice ! Il englobait tous les Anglais dans ses reproches.

« Nous sommes pour eux une race inférieure ; nous ne sommes bons qu'à être leurs domestiques. La reine Victoria le pense, et sa fille aussi. Du reste, celle-ci, lorsqu'elle est dans son intérieur avec ses enfants, ne leur parle qu'anglais, la langue des gens comme il faut, et les princesses écrivent en anglais à leur père. »

A la cour de Berlin, on n'ignorait pas la lutte engagée entre le ménage Frédéric et le chancelier. Bismarck ne s'était jamais gêné pour faire part de ses griefs à autrui, il en parlait à tout le monde, et comme, s'il avait des ennemis dans l'entourage des souverains, il y comptait aussi des partisans, cette lutte et ses incidents se répercutaient au palais impérial à tous les degrés de la hiérarchie. Le prince Guillaume, l'empereur d'aujourd'hui, en avait eu les échos étant encore enfant. Les influences qui s'étaient alors exercées sur son esprit l'avaient rangé du côté de Bismarck et contre l'Angleterre. Il n'eût peut-être pas osé l'avouer ; mais, quelle que fût son attitude, il était tout acquis à la cause anti-britannique, intérieurement irrité contre sa mère, accusée par Bismarck de préférer, quoique maintenant princesse allemande, l'Angleterre à l'Allemagne.

Plus d'une fois, étant encore adolescent, il n'avait pu dissimuler ses préférences ni le regret qu'il ressentait d'être allié à l'Angleterre. Un jour que, souffrant d'un mal blanc, il avait dû subir une petite opération, il ne put retenir un gémissement. Sa mère était présente, et, moitié compatissante, moitié railleuse, elle murmura :

— Pauvre chéri, comme il souffre !

Mais, se redressant comme si on lui eût fait injure, il protestait :

— Du tout, je ne me plains pas : le sang qui coule, c'est du sang anglais ; celui qui reste, c'est le sang rouge, le sang prussien.

Ainsi déjà la haine contre la Grande-Bretagne gonflait son cœur. Chez les Prussiens, la haine débute toujours par l'envie. Lorsque Guillaume II se fut constitué un empire colonial et une flotte de guerre, son aversion pour la puissance britannique se doubla de l'irritation que lui causait l'impossibilité d'égaler colonialement et maritimement la nation rivale. Il avait d'ailleurs d'autres sujets de rancune contre elle. Il avait fait siens les anciens griefs de Bismarck ; il en voulait surtout au roi Édouard qui, n'étant encore que prince de Galles, s'était prononcé contre lui lors de son conflit avec ses parents. L'Entente-Cordiale, l'attitude de la diplomatie anglaise à la conférence d'Algésiras, la certi-

tude désormais acquise que l'Angleterre pacti-
sait avec la France ajoutaient à son ressentiment.
Tout aujourd'hui porte donc à croire que c'est
contre elle que, d'accord avec son peuple, il
nourrit la haine la plus ardente.

La Hongrie et l'Autriche

2 août 1916.

Il est singulièrement difficile, à l'heure où nous sommes, alors que l'état de guerre nous cache certains faits qui se déroulent chez nos ennemis et la plupart des opinions qui s'y manifestent, de préciser quelles sont les véritables dispositions de la nation hongroise à l'égard de la France. Opinions et faits ne nous arrivent que par des voies détournées, faussées, dénaturées, tripatouillées, oserai-je dire, par un gouvernement que l'Allemagne a complètement germanisé et dont les chefs étaient depuis longtemps et sont encore à sa dévotion.

Andrassy, Haymerlé, Kalnocky, qui exercè-
rent successivement le pouvoir en Autriche-
Hongrie, cultivèrent avec amour l'alliance austro-allemande que le premier avait conclue en
1879, avec Bismarck, en témoignage de gratitude pour le service qu'avait rendu au cabinet
de Vienne le chancelier de fer en lui facilitant
au congrès de Berlin la prise de possession de
la Bosnie et de l'Herzégovine. Mais le comte
d'Ærenthal ne semble pas avoir professé pour
cette alliance le même enthousiasme. Il m'a été
affirmé de source sûre que le jour où tous les
secrets diplomatiques seront divulgués, on verra
que sous son ministère il s'en fallut de bien peu
qu'elle ne fût brisée.

Plus tard, Berchtold qui, en raison de son
mariage avec une Karolyi, s'était fait naturaliser
Hongrois, Burian et Tisza, Hongrois eux aussi,
mais par la naissance, et qui dirigent aujour-
d'hui la politique des États de l'empereur-roi,
ont été les ardents défenseurs du germanisme.
On sait avec quelle complaisance quasi-volup-
tueuse ils ont prêté les mains aux plans diabo-
liques de Guillaume II et, non contents d'en
favoriser l'exécution, ont recouru pour les légi-
timer aux plus abominables manœuvres.

A ne considérer la Hongrie qu'à travers ces

souvenirs, ou à travers les discours prononcés au Parlement de Budapest, on doit la croire inféodée plus que jamais à l'Autriche et par conséquent entièrement germanisée. On peut même se demander si, du parti de l'indépendance complète qui eut ses grands jours, ses héros et ses martyrs en 1848 et 1849, il reste encore quelques débris, si les haines nationales déchaînées contre l'Autriche à la suite de cette insurrection ne sont pas entièrement apaisées, et si enfin la voix des patriotes pour qui l'autonomie arrachée en 1867 à François-Joseph n'avait été qu'une étape vers la délivrance totale n'est pas à jamais éteinte.

Il est possible après tout que la politique astucieuse du gouvernement viennois ait eu ce résultat et que la guerre de 1914 ait, au moins pour un temps, imposé silence aux héritiers des hommes d'autrefois, de ces personnages d'épopée qui avaient lutté et souffert pour libérer leur patrie du joug autrichien, qui vaincus et proscrits s'étaient réfugiés en France et qui, dans cet asile, avaient appris à admirer et à aimer la nation accueillante et généreuse à laquelle ils devaient de ne pas errer sur les chemins, dénués de ressources et exposés à mourir de faim.

Il est à remarquer cependant qu'il y a encore quelques années, peu de temps avant la guerre, une immense gratitude envers notre pays survivait dans un grand nombre de milieux hongrois aux prestigieux événements du passé comme si l'on y eût toujours compté sur l'appui du peuple français, le jour où l'on tenterait de faire litière des derniers vestiges de la servitude. Nous avons vu, il n'y a pas longtemps, les Français voyageant en Hongrie accueillis comme des amis dont on n'a pas oublié les services et parfois même, objet de manifestations enthousiastes. J'ai eu souvent la preuve qu'il est encore des patriotes qui professent à l'égard de l'Autriche les mêmes opinions que Kossuth et que Batthianyi et à qui l'action de l'empire sur la Hongrie, même dans les conditions assez libérales où elle s'exerce aujourd'hui, n'est pas moins odieuse qu'elle ne l'était au temps que rappellent ces grands noms. Mais lequel d'entre eux oserait l'avouer aujourd'hui et ne devront-ils pas attendre la dislocation de l'État dominateur pour formuler leurs revendications? Tant que l'empire est debout, ils doivent se taire, car ils ne seraient pas entendus ni suivis. Mais l'heure viendra où, sur les ruines de la monarchie impériale, le patriotisme hongrois, lequel n'est qu'endormi, se réveillera.

Seulement se posera alors la question de savoir si les Alliés victorieux pourront oublier qu'en secondant l'Allemagne prussifiée dans sa criminelle agression contre la France et la Russie, la Hongrie ne s'est pas condamnée elle-même à subir le sort des vaincus et si en se faisant la complice du cabinet de Vienne contre la Serbie, en écoutant non la raison et l'humanité, mais uniquement sa haine contre le slavisme, elle n'a pas perdu le droit d'obtenir des réparations.

Cette haine contre le slavisme a été le principal moteur de l'attitude de la Hongrie, non pas seulement dans les événements actuels, mais encore en d'autres circonstances et notamment en 1908, lors de l'annexion par l'Autriche de la Bosnie et de l'Herzégovine. Lorsqu'en 1878, le cabinet de Vienne s'était fait autoriser par le Congrès de Berlin à occuper et à administrer ces deux provinces, les patriotes hongrois avaient blâmé cette décision en laquelle ils voyaient plus d'inconvénients que d'avantages. Néanmoins, ils n'osèrent résister et courbèrent la tête sous la main de l'Autriche, se faisant ainsi les complices d'une iniquité et se mettant

du même coup et par avance dans l'impossibilité d'empêcher l'annexion, qui fut opérée
trente ans plus tard, en 1908.

Au mois d'octobre de cette année, le gouvernement hongrois ratifiait l'annexion et en faisait accepter le principe au pays, bien qu'il la
jugeât contraire à ses intérêts. Mais il n'avait
pu faire autrement. Placé, après de très som-
maires négociations de la part de Vienne, en
présence du fait accompli, il avait été obligé
de se solidariser avec le gouvernement autrichien
vis-à-vis de l'étranger. Il y eut là, menée par
le Ballplatz, avec son astuce accoutumée, toute
une intrigue, dont les Hongrois furent la dupe.
Je n'ai pas le souvenir qu'elle ait été jamais
percée à jour et je considère comme une bonne
fortune d'avoir eu communication de notes
diplomatiques qui me permettent d'y répandre
un peu de lumière.

Les Magyars vivaient alors dans la crainte de
deux dangers : le danger germanique, aggravé
peu à peu par le jeu de l'alliance austro-
allemande, et le danger slave, qui s'était récemment manifesté, par des mouvements inquié-
tants, au nord et au sud de la monarchie. Ils
les tenaient l'un et l'autre pour également
redoutables, mais, entre les deux, ils ne distin-

guaient pas encore lequel l'était le plus. C'est cette incertitude que le gouvernement autrichien exploita fort habilement. A entendre les agents qu'il employait à cette besogne, le danger germanique n'existait pas ou tout au moins était-il endormi. En revanche, ils grossissaient les agitations du slavisme, les mouvements serbes, les menées des Croates qui poursuivaient une certaine indépendance administrative vis-à-vis de la Hongrie. D'autre part, les Hongrois constataient le réveil en Russie des aspirations slaves, et un congrès devant avoir lieu à Pragues, ils s'inquiétèrent en voyant les Slaves de la monarchie se mettre en route pour s'y rendre, circonstance dont l'Autriche ne manqua pas de tirer parti.

Elle alla plus loin encore. Pour achever de terroriser les Magyars, elle laissa entendre qu'un complot venait d'être découvert ; les journaux de Budapest y firent des allusions sensationnelles, quelques individus furent emprisonnés. Quand l'effet qu'on cherchait eut été obtenu, l'affaire tomba, on n'en entendit plus parler. Ainsi fut enlevé l'acquiescement des Magyars à l'annexion de la Bosnie-Herzégovine.

Dans les notes d'où je tire ces détails, on lit ce qui suit :

« Il a suffi de laisser entrevoir à cette race, qui lutte sans trêve pour son existence, qui se trouve en butte aux attaques des nationalités dont elle est encerclée de tous côtés, la possibilité de la formation, au sud-ouest, d'un groupement slave de plusieurs millions d'âmes pour obtenir son consentement à l'annexion ; on a fait comprendre aux Magyars que seule cette mesure pourrait couper court à toutes les intrigues et espérances grand serbes et que seule elle sauverait la Hongrie du danger qui la menaçait. »

D'après les mêmes notes, Berlin se serait fait, en cette circonstance, complice de Vienne, en promettant d'intervenir auprès de la Turquie, si celle-ci réclamait contre l'annexion.

Cependant, l'adhésion donnée par la Hongrie ne liquidait pas complètement la question. Restait encore à décider si les provinces annexées seraient attribuées à l'Autriche ou si elles le seraient à la Hongrie.

— Nous les attribuons à la « monarchie », disait le cabinet de Vienne.

— Mais, la « monarchie » n'est qu'une fiction diplomatique, répondait-on de Budapest ; elle est inexistante en droit public et ne sert qu'à faciliter les rapports des États étrangers avec les pays gouvernés par la maison de Habsbourg. Il n'y a pas de sujets austro-hongrois. On est sujet hongrois ou sujet autrichien. Que seront les Bosniaques et les Herzégoviniens? Seront-ils sujets autrichiens ou sujets hongrois? Il faut qu'ils soient l'un ou l'autre, à moins qu'on ne crée pour eux une troisième nationalité.

Ceci posé, les avocats de cette cause invoquaient les droits séculaires de la couronne de saint Étienne sur les pays de Bosnie et d'Herzégovine et dont il est tenu compte dans le serment prêté par le roi lors de son couronnement ; ils revendiquaient pour les Magyars la possession exclusive de ces deux provinces.

Mais l'Autriche savait que ce n'était là de leur part qu'une réclamation de principe, et qu'en fait, ils ne tenaient que médiocrement à voir leurs prétentions historiques se réaliser, car l'incorporation prononcée à leur profit augmenterait l'élément slave de Hongrie d'un contingent considérable, qui réduirait de moitié la proportion de la race magyare dans le royaume. Le cabinet de Vienne se contenta donc de maintenir son point de vue, et les Hongrois renoncèrent à avoir gain de cause. Ils acceptèrent qu'un texte identique, laissant au règlement de la question un caractère provisoire serait

soumis aux Parlements de Vienne et de Budapest. Le cabinet hongrois voulut y faire figurer
une phrase par laquelle les droits historiques
de la Hongrie seraient réservés ; mais les ministres autrichiens s'y opposèrent et se prê-
tèrent seulement à l'insertion dans l'exposé des
motifs du projet de loi d'une mention dans ce
sens.

« A en juger par l'état général des esprits,
est-il dit dans mes notes, l'accord se fera ; on
saura trouver à Vienne un expédient qui permettra de vivoter durant des années encore.
Les relations actuelles de l'Autriche avec la
Hongrie n'en subiront pas de modifications ni
en bien ni en mal ; mais il n'en sera pas de
même plus tard. Il n'y aura pas toujours à
Budapest, comme c'est le cas depuis deux ans
et demi, une Chambre composée uniquement
d'une majorité docile et dépourvue d'opposition,
et quand le Parlement hongrois sera revenu, à
ce point de vue, à un état normal, la question
de la Bosnie-Herzégovine se posera de nouveau
et engendrera le conflit. Qu'adviendra-t-il, par
exemple, lorsque la Hongrie voudra mettre à
exécution son projet de défendre son industrie
contre la concurrence autrichienne, en élevant
entre elle et l'Autriche une démarcation doua-

nière, si faible qu'elle soit? Ne faudra-t-il pas prendre un parti définitif, résoudre le provisoire, et décider si la Bosnie et l'Herzégovine devront être en deçà ou au delà de la frontière? »

Ceci était écrit à la fin de 1908. Les événements qui se sont déroulés depuis dans les Balkans ont empêché les prévisions de notre diplomate de se réaliser. Mais ce qui vient d'en être dit prouve tout au moins combien la faiblesse de la Hongrie et la germanisation de ses principaux chefs ont rendu difficile sa défense, même de la part de ceux qui n'ignoraient pas que la France y comptait de nombreux amis.

A travers
les papiers de Thiers

7 août 1916.

L'ancien président de la République française, lorsqu'il mourut en 1877, légua ses papiers à sa belle-sœur, Mlle Dosne, en fixant le délai à l'expiration duquel ils pourraient être publiés, délai que maintint la légataire, en les confiant à l'État qui les déposa à la Bibliothèque nationale. Ils y sont restés sous clé jusqu'à ces derniers temps, c'est-à-dire jusqu'au terme fixé par le testateur. Ce terme étant survenu, de nombreux et importants extraits de cette correspondance, se rapportant tous à la guerre de 1870, sont livrés maintenant à la publicité.

Il ne se peut de lecture plus attachante, surtout à l'heure où nous sommes, alors que nous
voyons se réaliser quelques-unes des prévisions
de Thiers et de ses correspondants, lesquels
étaient des hommes considérables par la naissance ou le rang social, par le talent et par les
preuves qu'ils en avaient données, sans que
toutefois le caractère, chez quelques-uns, fût
toujours à la même hauteur, ou enfin par les
services rendus. Ils se nomment Duvergier de
Hauranne, Rémusat, Mignet, Albert de Broglie, Dupanloup, Gratry, Jules Favre, Daru,
d'autres encore, et, à côté d'eux, d'éminents
diplomates tels que le marquis de Gabriac, notre
chargé d'affaires en Russie durant ces jours
calamiteux, ou Tissot, notre chargé d'affaires
à Londres au début de la guerre.

Toutes ces lettres, sans exception, sont frap-
pées au coin du patriotisme le plus ardent ; il
en est de prophétiques.

Le 14 septembre Mignet écrit : « Souffrir que
la Prusse se montre ambitieuse contre la France,
c'est s'exposer à ce qu'elle le soit un jour contre
l'Autriche et contre la Russie. Si on ne l'em-
pêche pas d'être envahissante aujourd'hui, on la
rendra dangereuse pour tout le monde dans un
immanquable avenir. » C'est aussi l'opinion du

duc de Broglie, mais, à la date du 14 octobre, il ne voit pas comment le péril pourra être conjuré, à moins « que Dieu, par un prodige de miséricorde, ne donne à Gambetta le génie du premier Bonaparte ou ne fasse sortir Bazaine de ses fers ». A l'horrible situation qu'il constate, alors qu'il tient la chute de Paris pour inévitable, il ne voit qu'un remède, c'est qu'avant qu'elle soit consommée, on convoque une assemblée pour délibérer spécialement sur la continuation de la guerre ou la conclusion de la paix. Une telle assemblée pourra seule relever Jules Favre et son gouvernement de ce qu'il y a de trop absolu dans le terrain sur lequel ils se sont placés.

« Quant à l'idée que, Paris vaincu, on pourrait encore continuer la lutte, vous connaissez trop la France pour vous en flatter et, d'ailleurs, la France est plus malade que Paris. Il n'y a que vous, cher monsieur Thiers, qui puissiez faire entendre au pays et à ceux qui nous gouvernent cette dure vérité. Vous venez d'essayer, aux dépens de votre repos et de votre santé, d'épargner à la France et à la République naissante la dernière conséquence des fautes de l'Empire. Je crains fort que vous n'y ayez pas réussi. Il s'agit maintenant de sauver la République elle-même, si c'est possible, et en tous cas la France, des conséquences plus graves encore qu'entraînerait la persévérance, au delà des bornes de l'honneur et de la raison, d'une lutte sans espoir. »

Thiers n'est pas éloigné de partager cette opinion. Il gémit sur cette guerre qui pouvait être évitée et, dans une longue et éloquente lettre en date du 17 juillet, il explique comment elle aurait pu l'être et pourquoi elle ne l'a pas été. Mais, la défaite survenant, il n'a songé qu'à remplir le patriotique devoir que la confiance de la République lui imposait. Malheureusement, quelle que soit son autorité dans les chancelleries, quelles qu'aient été son habileté et son éloquence, sa mission a échoué ; la Russie et la Grande-Bretagne ont refusé d'intervenir quant à présent pour conseiller à la Prusse plus de modération dans la victoire, et Thiers, tout en prévoyant les résultats qu'aura dans l'avenir cette faute des neutres, sait que nous ne pouvons rien attendre d'eux.

Dès lors, à quoi sert de continuer la lutte ; alors surtout que les lettres de Gabriac et de Tissot démontrent que les cabinets anglais et russe se confirment dans leur neutralité et n'en veulent pas sortir malgré les périls auxquels elle les expose, périls si visibles et si redoutables qu'un haut fonctionnaire du Foreign Office, convaincu qu'un jour viendra où il faudra les conjurer, dit au chargé d'affaires de France :

— Vous verrez que tout ceci finira par une coalition européenne contre l'Allemagne.

Mais on en est encore bien loin. Il semble qu'une politique de paix devrait maintenant prévaloir et peut-être prévaudrait-elle, en effet, si force gens, et non des moindres, n'étaient convaincus que l'honneur de la France exige la continuation de la guerre. Mgr Dupanloup écrit à « son cher et excellent ami » pour lui démontrer la nécessité de fortifier l'armée de la Loire : « Elle est parfaitement animée, mais trop peu nombreuse... Pourquoi éparpiller nos forces dans l'Ouest quand tout va se décider sous les murs d'Orléans? »

Ce qui frappe dans ce qui vient de nous être livré de cette volumineuse correspondance, c'est que les hommes les plus éminents se tournent vers Thiers comme vers un sauveur. On a vu en quels termes l'adjure le duc de Broglie et comment lui parle Mgr Dupanloup. Le Père Gratry n'est pas moins admiratif :

« Cher et glorieux confrère, vous êtes maintenant et resterez l'un des grands citoyens de la

France. Vous avez été, en tous ces événements, un modèle de noblesse, de courage, de clairvoyance, de sagesse. Je supplie Dieu de vous bénir et de vous élever, comme homme et comme enfant de Dieu, plus encore que vous n'êtes comme citoyen. »

Même enthousiasme chez le comte Daru.

« Vous êtes le premier, le plus renommé de tous ; vous êtes l'homme nécessaire dans la situation présente. Votre patriotisme, votre dévouement vous ont conquis le cœur de tous vos concitoyens. Vous seul pouvez nous sauver. »

Il faut abréger ces citations, qui pourraient être multipliées. Mais elles aident à comprendre pourquoi l'histoire retiendra les circonstances qui portèrent alors Thiers au pouvoir, préférablement à celles qui l'en firent descendre. Ce n'est pas d'aujourd'hui que nous constatons la disposition des historiens à passer sous silence et celle du public à oublier tant d'épisodes d'ordre parlementaire qui pouvaient, hier encore, présenter quelque intérêt aux survivants, mais qui n'en présentent plus depuis que la guerre mondiale de 1914, si souvent prédite par quelques-uns des contemporains de la guerre de 1870, a réduit à rien partie des événements qui se sont déroulés à l'intérieur entre l'une et l'autre. Je ne crois pas que l'avenir tienne grand compte des fautes qu'ont pu commettre alors Thiers, ses partisans et ses adversaires. Ce qu'il mettra surtout en lumière, c'est le patriotisme de tous et la perfidie de la Prusse, et ainsi les grands souvenirs de cette époque apparaîtront à nos descendants purifiés en quelque sorte de toutes les souillures qui nous cachaient plus ou moins le bon vouloir universel et ne nous laissaient voir que les incidents résultant de la lutte de factions aux prises.

Il est un autre fait que l'histoire retiendra et dont la correspondance qui me suggère ces réflexions contient une preuve éclatante, c'est qu'en 1870, l'Union sacrée n'exista pas. On ne voit même pas qu'aucun effort ait été tenté pour en faire comprendre la nécessité et les bienfaits au pays et aux partis. Trop de fautes réciproques étaient un obstacle à la réconciliation qui eût étouffé toutes les revendications et toutes les querelles, et quand s'accusèrent les défaites et s'accrut le désastre, on ne songea dans tous les camps qu'à en imputer la responsabilité à l'adversaire. Notre malheur était tel, si gros de conséquences effroyables, si décevant, si peu prévu que personne ne voulait s'en reconnaître **responsable** et que de toutes parts éclatait la volonté de demander des comptes à ceux qu'on accusait de l'avoir provoqué. Donc, l'Union sacrée impossible et, par surcroît, d'ici et de là, des velléités de rébellion, des troubles dans la rue, des grondements de colère, des menaces de vengeances, tout le contraire, en un mot, de ce qui eût été nécessaire pour assurer la pacification de la France.

Combien différente la situation d'aujourd'hui, et ne porte-t-elle pas avec elle tous les éléments d'une solide confiance dans un avenir rapidement réparateur? Quand on lit la correspondance de Thiers et quand on compare l'état d'âme de la France de 1870, tel qu'il nous y est révélé, à l'état d'âme de la France actuelle, on doit reconnaître qu'autant il y eut alors des raisons de craindre et de trembler sur son sort futur, autant il y a maintenant des raisons d'avoir foi dans les suites de son rajeunissement et d'espérer que sa marche toujours plus active vers ses glorieuses destinées se poursuivra après la victoire dans la concorde et dans la paix.

Des fleurs sur une tombe

16 septembre 1916.

Un livre qui vient de paraître sous cette simple signature de femme : « J.-Ph. Heuzey »
mérite une place de choix parmi les publications
du jour. Tandis que celles-ci ont été la plupart
conçues et écrites dans une atmosphère embrasée des feux de la guerre, ce livre, marqué au
coin du talent le plus pénétrant et le plus rare
et consacré à Lucie Félix-Faure-Goyau, nous
enlève au théâtre tragique où se décide actuellement l'avenir de l'humanité et nous trans-
porte dans une atmosphère religieuse, une
atmosphère de repos et de paix ; c'est au plus

haut degré un livre d'hagiographie. En le lisant, je croyais lire le récit d'une vie de sainte, non de celles qui, pour mieux appartenir à Dieu, mettent le cloître entre elles et le monde et se livrent uniquement aux mortifications et à la prière, mais de celles-là qui s'efforcent d'atteindre à la perfection sans renoncer au monde, convaincues qu'aussi bien que dans le cloître, on y peut faire son salut et que là aussi il faut des exemples.

Lucie Félix-Faure-Goyau, morte au mois de juin 1913, à l'âge de quarante-sept ans, fut une de ces créatures d'élite en qui, sous l'influence d'une foi ardente, s'exercent naturellement, sans effort et toujours de plus en plus, les bienfaits de la vertu et qui en répandent presque à leur insu le parfum autour d'elles. De nos jours comme dans le passé, elles sont encore nombreuses celles qui lui ressemblent. Dans la vie du monde, dans la famille, nous en connaissons qui peuvent lui être comparées et qui, dans le cadre étroit et limité des devoirs qui leur sont imposés, les ennoblissent, les sanctifient et se sanctifient par la manière dont elles les pratiquent.

Mais la noble femme dont je parle fut quelque chose de plus que ces héroïnes de la vertu, véritables fleurs de serre qui ne s'épanouissent et n'atteignent toute leur beauté que dans l'ombre du foyer, comme s'il leur répugnait de se laisser découvrir, deviner ou admirer, si ce n'est par ceux à qui elles ont voué leur affection et leur dévouement, leur sollicitude et leur amour. Elle dut d'être ce qu'elle a été non pas seulement aux merveilleux dons intellectuels qui furent la parure de sa jeunesse et de sa maturité, après avoir été celle de son berceau, et qui maintes fois nous ont enchantés, mais encore et surtout à l'influence qu'exerça sur elle la vie intérieure, « sanctuaire où l'âme converse seule avec Dieu », nous dit son biographe, et où les choses humaines s'enrichissent en proportion de la part plus grande faite aux choses divines.

Vie intérieure ne veut pas dire nécessairement éloignement et mépris du monde. Le monde, je ne voudrais pas affirmer que Lucie Goyau l'a aimé pour lui-même ; mais elle ne l'a pas dédaigné, car c'était pour elle un théâtre offert à son observation et dont, à ce point de vue, elle pouvait faire son profit ; elle y a vécu, bienveillante, tolérante et attentive ; elle y a brillé non peut-être volontairement, mais dans l'attitude d'une femme à qui n'en déplaisent pas les spectacles et qui, même en en mesurant le vide et la vanité,

considère comme un devoir de faire le bien là
où sa naissance et les circonstances l'ont portée.
Sa piété incessamment grandissante n'affecta
jamais la forme d'une dévotion qui s'irrite de
n'être pas imitée et prodigue avec acerbité le
blâme à ceux qui se dérobent à sa contagion et
refusent de la subir. Elle prêcha d'exemple en
célébrant dans ses écrits et en laissant voir dans
sa conduite les douceurs et les grâces qu'elle
devait à l'ardeur de sa foi ; mais l'influence
qu'exerçait sur elle la vie intérieure ne se mani-
festa jamais par des sermons et des homélies.

Il est d'ailleurs remarquable que cette faculté
de vivre en soi, de vivre de la vie de l'âme, cette
faculté si visible dans ses œuvres, dans celles
surtout de sa maturité, n'atteignit pas du premier coup toute sa puissance. C'est par l'étude
des grands écrivains, par son ardente soif de
découvrir, de savoir, de connaître, qu'elle fut
amenée au seuil du « sanctuaire ».

Elle était venue au monde prodigieusement
douée au point de vue intellectuel. Dès l'âge de
vingt ans, ayant brisé le cercle limité des lectures de son enfance et de sa première jeunesse,
« elle lit tout ce qui la tente », non sans s'indi-
gner parfois de voir bafouer dans les pages qu'elle
dévore ce qu'elle vénère le plus. Toute la litté-

rature française y passe, chroniqueurs, philosophes, romanciers, voyageurs, poètes, des plus lointains jusqu'à nos jours.

Elle n'est pas moins attirée par les écrivains étrangers et par les classiques du passé. Pour les lire dans le texte, elle apprend leur langue, le latin, le grec, l'allemand, l'italien, l'anglais, et bientôt la voici familiarisée avec Horace et Lucrèce, avec Platon, Eschyle et Théocrite, avec Dante, avec Shakespeare, avec les Pères de l'Église et les Mystiques du moyen âge, et tout ceci mené de front avec Pascal, Voltaire, Heine, Renan, Darwin, Schopenauer, Flaubert. Ainsi, sans que la vaste érudition qui résulte de ces lectures s'entache de pédantisme ou d'orgueil, s'allume en elle « le feu sacré qui ne s'éteindra plus, qui embrasera tour à tour tous les sentiments, toutes les idées, jusqu'à ce qu'il se fixe définitivement au centre même du foyer d'où sa flamme s'élèvera et rayonnera désormais ».

Ce foyer, elle le trouva dans la vie intérieure. Une fois entrée dans le « sanctuaire », elle n'en voulut plus sortir. Peut-être, en y entrant, y avait-elle goûté surtout les joies de la découverte, des joies artistes; mais, promptement, elle y fut enveloppée de mysticisme, telle une néophyte que l'éducation, l'étude, les contacts

et une attirance surnaturelle vers les choses
divines ont disposée à prendre le voile. Sur les
joies qu'elle avait goûtées, debout comme dans
un musée, s'en greffèrent d'autres plus pures,
plus fécondes, plus enivrantes, qu'elle savoura
agenouillée comme dans un temple.

Désormais, elle portera dans sa personne
morale l'ineffaçable empreinte gravée dans son
âme par la main souveraine sous laquelle elle
s'est courbée, pareille à ces brebis dans la toison
desquelles leur propriétaire imprime sa marque
au fer rouge afin de prouver qu'elles lui appar-
tiennent. Qu'elle écrive sur Dante les lumineux
commentaires que nous avons admirés, qu'elle
narre la vie de Newmann, qu'elle étale sous nos
yeux les tristesses de l'âme païenne d'après les
épitaphes des tombeaux, qu'elle tire d'un passé
légendaire la vie et la mort des fées, toute son
œuvre, vers et prose, attestera que quoique
restée dans le monde et à travers les événements
sensationnels auxquels elle est mêlée, elle appartient au troupeau divin.

Dans cette œuvre, le mysticisme coule à pleins
bords et on ne sait ce qu'il faut le plus admirer
de sa forme littéraire originale et personnelle
jusque dans les imperfections et ses défectuosités
ou de la suavité de l'inspiration si puissante et

si forte qui l'a enfantée et qui a sa source dans cette vie intérieure dont les reflets l'illuminent. Lucie Goyau est une mystique, mystique de pensée et de plume, mystique dans le sens le plus large du mot et telle enfin que je ne lui en connais pas de pareille dans le monde et dans le temps où elle a vécu. Les livres parus de son vivant, ses méditations qui, sous ce titre : *Choses d'âme*, furent publiées après sa mort, avaient déjà fait pressentir et même proclamé cette supériorité. Le volume dont je parle aujourd'hui la rend indiscutable.

Il y est fait état d'un journal intime et secret que cette admirable femme tenait pour elle, sans en laisser soupçonner l'existence et que son mari découvrit après sa mort. Là, on peut la suivre de son enfance à sa fin, s'arrêter avec elle aux étapes où elle a stationné à la suite d'un père qu'elle idolâtrait, et plus tard, plusieurs années après l'avoir perdu, à côté du mari si digne d'elle qu'elle s'était choisi.

Ce journal nous est présenté par l'amie la plus chère de celle qui le rédigea, et les commentaires qu'elle y ajoute en soulignent les beautés. Ils nous disent de Lucie Goyau, de l'activité de son esprit, de la puissance de sa vie intérieure, de sa piété, des consolations qu'elle y puisa à

14

l'heure des cruelles épreuves et lorsque l'altération de sa santé lui eut fait comprendre que sa fin approchait, ce qu'elle n'eût osé dire elle-même en parlant d'elle. Ainsi les commentaires du journal et les pages qui le composent se complètent les uns par les autres et de telle sorte que parfois le cadre vaut l'image.

J'ai dit, en commençant, que ce livre est un livre d'hagiographie, et on ne contestera pas que le récit de la mort de l'héroïne lui imprime ce caractère. Depuis longtemps, elle ne se faisait plus illusion sur la gravité de son état. Mais elle voyait avec sérénité s'approcher sa fin. A une amie qui, la sachant à la veille d'une opération dangereuse, croyait devoir la rassurer, elle posait brusquement cette question :

— Si tu étais compagnie d'assurances, m'assurerais-tu ?

Et elle ajoutait aussitôt :

— Mais je suis calme ; je suis entre les mains de Dieu !

Elle le disait parce qu'elle en était sûre.

Sa mort fut celle d'une sainte. Ceux qui l'avaient connue n'en furent pas surpris ; ils savaient qu'il en serait ainsi.

Colonies de réfugiés

16 octobre 1916.

Dès le début de la guerre, les pouvoirs publics ont dû se préoccuper de venir en aide aux enfants français, alsaciens et belges que la barbarie allemande a séparés de leur famille ou dont elle a fait des orphelins. C'était là pour la France un devoir auquel elle ne pouvait se dérober et qu'elle a assumé avec le dévouement le plus ardent et le plus généreux. Sur toute l'étendue de son territoire, se sont ouverts des asiles pour ces malheureuses victimes d'événements aussi tragiques qu'inattendus où elles sont assurées de ne pas manquer des ressources qu'exige leur existence.

Rien que dans le département de la Seine-Inférieure, arrondissement d'Yvetot, — je cite celui-là parce que je le connais mieux que d'autres, — il n'y a pas moins de 2.280 enfants, garçons et filles de nationalité belge, répartis dans diverses communes en vingt-trois colonies que dirigent des religieuses et aux besoins desquelles M. Piettre, sous-préfet d'Yvetot, délégué à cet effet par le ministère de l'Intérieur, est chargé de pourvoir. Deux autres colonies ont été créées dans l'arrondissement pour recueillir 280 orphelins venus de l'Alsace reconquise et deux autres pour hospitaliser 375 vieillards qui l'étaient avant la guerre dans le département du Nord.

Enfin, à ces diverses créations destinées à se multiplier puisque encore aujourd'hui le département de la Seine-Inférieure est désigné pour recevoir de nouveaux évacués des pays envahis, s'est ajoutée, au mois d'avril dernier, une colonie serbe, composée celle-là non d'enfants orphelins, mais d'une élite sociale où figurent des popes, des professeurs, des avocats, des médecins, d'anciens députés. On l'a installée aux Petites-Dalles, pittoresque village en bordure de la Manche, où j'ai planté voici quarante ans ma tente estivale au creux d'une falaise boisée qui

domine la mer et où, par conséquent, toutes
choses me sont familières. Réunis dans un hôtel
temporairement désaffecté, les réfugiés serbes y
vivent sous la direction de l'un d'eux chargé
par la sous-préfecture d'Yvetot de veiller à l'exécution des règlements qui assurent l'ordre, la
bonne tenue et le bien-être. Ils y reçoivent par
les soins du gouvernement français les choses
nécessaires à la vie ; elles leur sont apportées
périodiquement comme aux colonies belges par
des camions automobiles envoyés d'Yvetot. Le
toit, la nourriture, l'éclairage, le chauffage leur
sont ainsi assurés et rien, si ce n'est la dignité
de leur attitude, n'est plus touchant que la
reconnaissance par laquelle ils répondent à la
sollicitude dont les témoignages leur sont incessamment prodigués.

Quelques-uns d'entre eux, en fuyant leur
pays sous la poussée de l'armée austro-alle-
mande-bulgare, avaient pu se munir d'un peu
d'argent et se pourvoir ainsi de linge et de vête-
ments. Mais, d'autres nous étaient arrivés,
dénués de tout et s'ils avaient, grâce à la France,
la certitude de ne pas mourir de faim et de ne
pas coucher à la belle étoile, ils n'en portaient
pas moins sur toute leur personne les stigmates
d'une misère profonde. L'un d'eux, un poète

populaire en Serbie, faisait mal à voir tant était
minable sa défroque. Un jour, il se déclara souffrant et ne parut pas au réfectoire, ce dont on
ne s'inquiéta pas. Mais son absence s'étant
renouvelée le lendemain, on s'informa :

— Comme je n'ai pas d'argent pour me faire
raser, répondit-il à un compatriote qui l'inter-
rogeait, j'ai résolu de laisser pousser ma barbe.
Or, rien n'enlaidit et ne défigure autant qu'une
barbe qui pousse. Je ne me montrerai que lorsque je serai tout à fait barbu.

Les remontrances amicales dont il fut l'objet
mirent fin à cet accès de coquetterie. Mais le
trait n'en avait pas moins ému les personnes
qui en avaient eu connaissance et à l'instigation
de Mme Piettre, si passionnément dévouée aux
œuvres dont son mari a la direction, il fut décidé
que nous organiserions un concert où les Serbes
nous chanteraient les chants de leur pays, dan-
seraient leurs danses nationales et dont le produit permettrait d'alimenter d'un peu d'argent
de poche les plus pauvres des réfugiés. Des
artistes parisiens qui passaient l'été dans la
région avaient promis leur concours et, en deux
jours, les billets placés à l'avance produisirent un
millier de francs. Mais quand nos hôtes con-
nurent le but que poursuivaient les organisa-

teurs, une protestation amicale se mêla à leurs remerciements.

— Nous ne voulons rien, déclarèrent-ils, nous n'avons besoin de rien ; les moins malheureux d'entre nous viennent de s'entendre pour venir en aide aux moins fortunés. La question est donc réglée. Nous donnerons notre concours au concert, mais à la condition que le produit en sera versé à la Croix-Rouge française.

L'accent, le geste révélaient une résolution irrévocable.

— Pas seulement à la Croix-Rouge française, leur répondit-on, mais aussi à la Croix-Rouge serbe ; moitié pour l'une, moitié pour l'autre.

Il en fut décidé ainsi ; le concert eut lieu et la recette dépassa toutes les espérances. De cette journée qui ne fut pas moins émouvante que récréative, je ne retiendrai qu'un souvenir. Nous y entendîmes un récit de la fameuse retraite serbe d'octobre 1915, rédigé par un écrivain qui avait été le témoin de ce grand drame. Un de ses compatriotes, qui avait traduit en français cette relation pathétique, nous en donna lecture au milieu d'un silence impressionnant, révélateur de l'émotion qu'elle éveillait parmi les auditeurs. Trop longue pour être reproduite ici, elle se terminait par un cri de gratitude envers la France.

« Lorsque nous rentrerons dans notre patrie, si nos mères et nos femmes sont encore en vie et nous demandent comment nous étions en France, nous leur répondrons : « Nous y étions bien. » Quant à nos enfants qui ont connu les plus cruelles épreuves, s'ils nous interrogent et nous disent : « La France, où est-elle? » Nous mettrons la main sur notre cœur et nous leur crierons : « Elle est ici. Vive la France ! »

Il m'a semblé que ces détails sur nos colonies de réfugiés intéresseraient mes lecteurs. Mais, je me reprocherais de n'y pas mentionner les bienfaits que prodiguent à ces œuvres d'assistance nos amis Américains. C'est par des fonds américains qu'est entretenue la colonie des enfants de l'Alsace reconquise, installée à Yvetot depuis le mois d'août 1914 et c'est l'abondance persistante de la même source qui a permis dans cet arrondissement la création de l'œuvre des Marraines des orphelins de la guerre, que miss Gladys Hollingsworth, présidente de l' « American Girl's Aide » de New-York, a prise plus particulièrement sous son patronage à l'aide duquel ont eu lieu déjà 168 adoptions. La main de l'Amérique, toujours si largement ouverte, se

retrouve partout dans les créations dont je
parle, enfantées par l'esprit de charité et de
solidarité; leurs bienfaiteurs sont légion. M. Cou-
dert, le célèbre avocat international, le colonel
Bellinger, de l'armée des États-Unis, et Mme Bellinger, Mme Woode Bliss, femme du premier
conseiller de l'ambassade américaine à Paris,
Mme Hill, M. Jaccaci, Mme Griggs, la révérende
mère Clotilde, supérieure de la « Maison Jeanne
d'Arc », à New-York, MM. Beaty, John K.
Page, voilà les amis de la première heure. Leur
nombre grossit de jour en jour. Mais, à ceux
que je désigne revient l'honneur d'avoir colla-
boré aux œuvres françaises dès les débuts de la
guerre et activement secondé les efforts de
M. Jusserand, notre ambassadeur à Washington,
pour donner plus d'essor à la propagande entreprise au delà des mers, en faveur de notre pays.

Alphonse XIII

Lorsqu'il vint officiellement à Paris pour la première fois, — c'était, je crois, en juin 1905, — il avait dix-neuf ans. Né en 1886, cinq mois après la mort de son père, il avait été proclamé roi en venant au monde, sa mère, la reine Christine, devant gouverner en son nom jusqu'à ce qu'il fût majeur, ayant été déclarée régente du royaume au moment où le décès de son mari laissait le trône vacant.

En France, nous avions vécu, en ce qui touche la Maison royale d'Espagne, sur le souvenir de l'aventure dont, en 1883, le roi Al-

phonse XII avait été le principal personnage.
A peine est-il besoin de rappeler cet épisode qui
eut alors un si grand retentissement. L'invita-
tion adressée au monarque espagnol par le vieil
empereur Guillaume Ier d'aller le voir à Berlin,
la réponse favorable du roi, l'émotion de Jules
Ferry, qui était alors président du conseil, au
reçu de cette nouvelle, ses démarches à Madrid
pour obtenir qu'Alphonse XII s'arrêtât à Paris
en revenant d'Allemagne, afin d'atténuer, vis-
à-vis des Français, l'effet de son séjour à la cour
prussienne, le refus du roi qui, bien que désireux
de donner à notre pays un témoignage de sympathie, estimait que ce témoignage serait mieux
à sa place s'il ne venait que quelques mois après
sa visite à l'empereur et, enfin, sur l'insistance de Jules Ferry, son adhésion à la demande
dont il était l'objet, tels sont les faits qui constituent le prologue de cette visite. Personne,
parmi les contemporains de l'aventure, n'a
oublié les péripéties qui en forment la suite : le
piège tendu par Guillaume Ier à son visiteur en
le nommant, sans l'avoir consulté, colonel d'un
régiment en garnison à Strasbourg et en le mettant en présence du fait accompli, c'est-à-dire
dans l'impossibilité de refuser ; puis l'offre faite
spontanément par le roi d'ajourner son voyage

en France, le refus du gouvernement français
de se prêter à un retard et, comme épilogue de
cet incident, l'accueil bruyant et malveillant
fait par les Parisiens à Alphonse XII.

L'événement avait laissé d'abord quelques
nuages sur les relations entre Paris et Madrid,
mais ils s'étaient dissipés peu à peu et surtout
à la suite du service rendu par la France à
l'Espagne lorsque, en juillet 1898, le gouvernement français, à la demande de la reine
régente, désireuse de mettre fin à la guerre avec
les États-Unis, avait autorisé M. Jules Cambon,
notre ambassadeur à Washington, à présenter
au gouvernement américain, au nom du cabinet
de Madrid, des propositions de paix et à négo-
cier pour lui afin de les faire aboutir. La paix
conclue par notre entremise entre les belligérants nous assurait alors la reconnaissance de nos
voisins pyrénéens. Aussi, de l'aventure de 1883,
il ne restait plus trace ni chez eux ni chez nous
lorsqu'en 1905 le successeur d'Alphonse XIII
venait nous visiter.

Le jeune roi nous était encore inconnu ; nous
ne savions de lui que ce qu'en disaient les diplomates et les voyageurs qui l'avaient approché,
et ce qu'ils disaient de l'admirable mère sous
les ailes de laquelle il avait grandi... C'en était

assez pour nous disposer à le bien accueillir.
Mais, dès qu'il eut paru, on put dire que toutes
nos sympathies lui étaient acquises ; il avait
conquis tous les cœurs par son attitude où la
simplicité et la modestie de la jeunesse se
mêlaient tout naturellement à la dignité d'un
chef d'État jaloux de la grandeur de son pays,
par son esprit d'à-propos, ses paroles, ses gestes,
et par la spontanéité de sa gratitude pour les
égards dont il était entouré, ainsi que cela convient pour un hôte de marque. Au bout de
quelques jours, on citait de lui des traits char-
mants.

Au moment où il quittait Madrid, sa mère
avait écrit au président de la République pour
le prier de veiller sur lui. Comme l'eût fait une
maman prévoyante en envoyant son fils dans
« la Babylone moderne », elle le confiait tout
uniment à M. Loubet, qui était entré dans ce
rôle de grand-père avec bonhomie et simplicité et entourait le jeune roi de sollicitude. On
eut alors ce joli spectacle de l'hôte royal répondant à cette sollicitude par des attentions d'un
caractère quasi filial. Dans les courses à travers
Paris, quand les voitures officielles s'arrêtent,
on voit Alphonse XIII sauter sur le sol et
tendre la main au président pour l'aider à

descendre. Partout il lui témoigne les égards
dus à la vieillesse. Lorsque, dans une circonstance qu'on voudrait n'avoir pas à rappeler,
un coup de revolver est tiré sur la voiture prési-
dentielle, sans heureusement atteindre personne, le premier mouvement d'Alphonse XIII
est de se dresser devant M. Loubet comme
pour le couvrir de son corps. A ceux qui, un
peu plus tard, le féliciteront d'avoir échappé à
cet attentat, il répondra joyeusement :

— Quoi ! vous y songez encore ! Mais quel
plus beau souvenir pour un soldat : avoir reçu
le baptême du feu à la tête des cuirassiers français !

Pendant son séjour à Paris, on le conduit sur
son désir à Notre-Dame, il est reçu au seuil de
la cathédrale par l'archevêque de Paris. Vieux
et cassé, le saint prélat marche difficilement. Le
roi s'en aperçoit et gentiment, simplement, il
passe sa main sous le coude du vénérable guide
qui lui fait les honneurs de la basilique, et, à
plusieurs reprises, il le soutient ainsi. Après la
visite, le cardinal disait avec émotion :

— On voit que ce jeune homme a été admirablement élevé.

Jamais mot plus vrai. Admirablement élevé,
oui, et c'est par là qu'il diffère d'autres princes

à qui leurs éducateurs, les éducateurs allemands surtout, ont laissé croire que tout leur
était permis, même la rébellion contre leurs
parents. En l'initiant à ses devoirs de roi, sa
mère lui a appris que ces devoirs ne sont pas
moins impérieux pour un héritier de royauté
que ne le sont les droits qu'il tient de sa naissance. Elle lui a appris aussi qu'un roi, parce
qu'il porte une couronne, n'est pas dispensé
d'être honnête homme, c'est-à-dire humain,
loyal, bon pour les humbles, compatissant pour
les misères et courageux devant les épreuves de
la vie. Ses conseils maternels se résument en ces
mots : *Esto vir* (Sois homme).

En même temps, elle faisait de lui un maître
dans l'art de régner constitutionnellement. Elle
savait à cet égard à quoi s'en tenir, ayant exercé
le pouvoir, comme régente pendant dix-sept
ans, après avoir, dès ses débuts, jeté dans l'admiration ses ministres par sa manière de présider
leurs réunions et de donner son avis sur les questions à résoudre. A la suite de la première séance
du conseil qui inaugura sa régence, l'un d'eux
déclarait « qu'il y avait en Espagne un homme
d'État de plus ». Depuis, à travers les graves
difficultés que le gouvernement espagnol eut à
résoudre, la régente a tenu tout ce qu'elle pro-

mettait ; elle a révélé des qualités et des mérites, qui font comprendre comment elle a donné au peuple espagnol, dans la personne du fils chéri sorti de ses mains, dont elle est si fière, un bon, un excellent roi, qui sera sans doute un grand roi.

Quant à lui, après nous avoir fourni maintes fois la preuve que ses sentiments pour la France ne changeaient pas, même quand les difficultés survenues à propos du Maroc entre Madrid et Paris l'obligeaient à en contenir l'expression, il nous en a donné une plus éclatante encore par la beauté, la grandeur et l'utilité de l'œuvre humanitaire qu'il a créée en faveur de nos prisonniers. Ce qu'est cette œuvre, l'affection et le dévouement qu'elle révèle, les services qu'elle rend aux familles, les espérances qu'elle fait naître chez les malheureux et les consolations qu'elle leur verse, Mme Gabrielle Reval nous l'a dit, le 15 octobre, dans la *Revue des Deux Mondes* et dans une étude qui mériterait d'être répandue avec prodigalité. Elle nous montre le roi Alphonse XIII dans le rôle admirable de grand bienfaiteur, et s'assurant d'heure en heure des droits plus grands à notre reconnaissance, non pas seulement parce qu'avec une ardeur généreuse il travaille à sécher les larmes de ceux qui souffrent et pleurent, mais encore parce que nous lui devrons un jour de bénéficier de l'exemple qu'il donne à son peuple en lui montrant l'affection qu'il nous porte.

Au palais impérial de Berlin

18 novembre 1916.

C'était dans ce palais un soir de la première semaine du mois de novembre 1912. L'empereur Guillaume et l'impératrice y offraient un concert en l'honneur du roi de Danemark, Christian X, qui au mois de mai précédent avait succédé à son père, Frédéric VIII. L'assistance était brillante mais restreinte. Elle se composait des personnages impériaux et royaux, d'une élite d'hommes et de femmes appartenant à la société aristocratique de Berlin, des hauts fonctionnaires de la cour et des ambassadeurs étrangers accrédités auprès du gouvernement

allemand ; les ministres eux-mêmes n'avaient
pas été invités et la fête, en dépit de son éclat,
revêtait un caractère d'intimité.

Au cours de la soirée, la musique ayant fait
relâche un moment, les invités quittèrent leurs
places et des groupes se formèrent parmi lesquels les souverains prirent plaisir à circuler.
Les ambassadeurs s'étaient rangés en cercle,
attendant que l'empereur leur parlât. Bientôt il
se rapprocha d'eux. La prise d'Andrinople par
l'armée bulgare qui venait d'être effectuée avec
le concours des troupes serbes devait tout naturellement défrayer ces entretiens. Les langues
s'étant déliées, c'est sur ce sujet qu'elles s'exer-
cèrent avec le plus d'animation. L'empereur,
pour sa part, semblait particulièrement excité.
On a souvent remarqué qu'il s'exalte facilement
sous l'influence de faits susceptibles de modifier
ses opinions et sa conduite.

Dans le groupe des auditeurs, c'est surtout
l'ambassadeur de Turquie, Osman Nazimi-pacha
qu'on observait ; on le savait honoré tout spécialement de la bienveillance impériale. La mine
attristée, il écoutait en silence et dans une attitude respectueuse les commentaires du souverain, lesquels à coup sûr n'étaient pas pour lui
plaire, alors que Guillaume faisait ressortir avec

volubilité la gravité de l'échec que venait de subir en Thrace l'armée ottomane. Tout à coup l'empereur, s'adressant au diplomate turc, s'écria d'un ton dont la familiarité atténuait à peine l'impertinence déplaisante :

— Décidément, mon cher ambassadeur, il n'y a plus place en Europe pour la Turquie ; il ne vous reste qu'à repasser le Bosphore.

Un silence glacial accueillit ces paroles ; l'ambassadeur était devenu blême, mais il se contenait, glissant ses regards vers ses collègues comme pour les prendre à témoin de l'avanie dont il venait d'être l'objet. Quant à l'empereur, il parut un instant interdit par l'effet qu'avait produit son langage, puis, comme s'il en prenait son parti, il tourna les talons.

Il est dans la manière des potentats, lorsqu'ils veulent marquer leur mécontentement, de recourir à des algarades de ce genre. Il y en a de célèbres, dans les annales diplomatiques, celle par exemple à laquelle se livra, le 20 septembre 1803, le premier consul Bonaparte envers Arcadi Markoff, ambassadeur de Russie à Paris, où il était arrivé peu de temps après la réconciliation de la France avec le tsar Paul Ier. Markoff était un homme d'ancien régime qui englobait dans la même haine la Révolution française et ceux qui s'y étaient ralliés. A Paris, et bien qu'il représentât un gouvernement en paix avec la République, il se considérait comme en pays ennemi, tenait les propos les plus subversifs et poussait l'audace jusqu'à protéger des conspirateurs royalistes et des émigrés. Il en avait attaché un à son ambassade et l'aidait ainsi à se dérober aux recherches de la police. Il aggravait ces incartades par ses jugements sur Bonaparte.

— C'est le jacobinisme enfermé dans un seul homme, disait-il, et armé de tous les instruments révolutionnaires.

Au bout de quelques mois, sa présence à Paris était devenue intolérable. Le premier consul n'était pas homme à lui pardonner cette ingérence malveillante dans les affaires de la République ; il le lui déclara dans une réception du corps diplomatique aux Tuileries, en des termes d'une vivacité particulière.

— Il n'est pas admissible, lui dit-il, qu'un ambassadeur étranger se fasse le protecteur et le complice des ennemis de mon gouvernement. Je vous préviens que désormais je ferai arrêter les conspirateurs partout où ils se trouveront.

Markoff, médusé, ne trouva rien à répondre ; il ne revint pas aux Tuileries et peu de temps après il fut rappelé par sa cour.

Ce n'est pas le seul fait du même genre qui pourrait être cité sous le règne impérial, il y en a eu d'autres encore. Tous d'ailleurs se ressemblent et presque toujours sont justifiés par les circonstances en lesquelles ils se sont produits. Mais l'apostrophe offensante jetée par Guillaume II à la tête de l'ambassadeur turc n'avait pas d'excuse ; elle était surtout une preuve de son impulsivité et de sa disposition souvent constatée à croire que tout lui est permis, ce qui est la conséquence d'une éducation détestable : on a pu dire de lui qu'il est l'homme le plus mal élevé de son empire.

La sortie à laquelle il venait de se livrer était d'autant plus surprenante, qu'il s'attachait alors à ménager la Turquie. Il s'était rapproché d'elle sous le règne d'Abd-ul-Hamid et les relations étaient devenues cordiales. Mais après la révolution de Constantinople, en 1908, elles avaient pris tout à coup un autre caractère, les Jeunes-Turcs répugnant, semblait-il, à rester fidèles au système politique du sultan qu'ils venaient de renverser. C'est seulement un peu plus tard que les rapports entre les deux empires redevinrent confiants. Enver-pacha et ses amis mettaient à se laisser germaniser plus de complaisance que ne l'avait fait Abd-ul-Hamid. Le gouvernement turc ayant consenti à se faire le vassal de l'Allemagne était depuis l'objet des flatteries, des prévenances et des attentions incessantes du grand corrupteur qu'est Guillaume II. L'offense qu'il venait de faire à Osman Nazimi-pacha eût donc été incompréhensible, si l'on avait pu la supposer volontaire. L'était-elle? Nous n'oserions l'affirmer. Le personnage, nous l'avons dit, est un impulsif. On a souvent raconté à Berlin que lorsqu'il s'éloignait de l'impératrice pour aller inspecter ses troupes ou pour un voyage en pays étranger, elle lui disait :

— Surtout, veillez sur votre langage ; réfléchissez avant de parler.

Peut-être n'est-il pas inadmissible de croire que cette fois, avant de servir à l'ambassadeur turc ce paquet d'arrogance et d'inconvenance, alourdi encore par une apparence de commisération, il avait réfléchi, qu'il s'était peut-être demandé s'il avait intérêt à conserver un allié qui venait de se faire battre à plate couture par les armées balkaniques et s'il n'était pas préférable pour lui de se rapprocher du tsar des Bulgares à qui la victoire remportée sur les Ottomans donnait tout à coup un prestige inattendu.

Jusqu'à ce jour, ces deux hommes s'étaient détestés ; ils ne l'ignoraient ni l'un ni l'autre, les

échos des cours européennes le leur ayant appris.
Guillaume n'avait que dédain pour le prince qui
régnait sur la Bulgarie ; il le tenait pour un effé-
miné ; il raillait ses mœurs et ses habitudes
d'existence, et s'exprimait sur son compte
comme il se fût exprimé sur un aventurier
indigne d'estime. Ferdinand, de son côté, parlait en termes non moins amers de ce traîneur
de sabre, de ce champion du militarisme toujours prêt à mendier et à pourfendre, et qui,
troublant à tout propos la paix du monde,
rêvait de faire de l'Europ une caserne d'où il
lui dicterait et lui imposerait des lois d'asservissement et d'esclavage. Mais, à la suite de la
prise d'Andrinople, l'opinion de l'empereur se
modifiait, et il ne tardait pas à jeter la sonde du
côté de Sofia pour voir s'il n'y trouverait pas
un terrain propice à son entreprise de germanisation. On sait qu'en 1915 cette tentative a porté
ses fruits, et que les deux personnages se sont
rapprochés et alliés.

Rappelons cependant que, dans le dessein de
Guillaume, il y eut une éclipse. Ce fut au mois
d'octobre 1913, quand Ferdinand, écrasé par les
Grecs, les Roumains et les Serbes, voyant les
Turcs lui reprendre Andrinople, dont le traité
de Londres lui avait assuré la possession, solli-

citait l'intervention des puissances pour faire observer le traité. L'empereur allemand, aux yeux duquel il n'était plus qu'un impuissant et un vaincu, fut d'avis que les Turcs étant rentrés par les armes en possession du pays qui leur avait été enlevé, il serait injuste de les en déposséder.

L'empereur François-Joseph

23 novembre 1916.

Antérieurement à la guerre, la mort de l'empereur François-Joseph eût été un événement considérable. Jusqu'au jour où s'est déchaîné le terrible fléau qui dévaste le monde, il a été de tradition diplomatique que l'éventualité du trépas de ce souverain était le point noir d'un avenir plus ou moins prochain. Des flots d'encre ont coulé à ce propos et nous avons tous lu les prédictions sinistres répandues par les prophètes qui avaient tout prévu, sauf ce qui est arrivé. A les en croire, cette mort serait le signal du démembrement de l'empire ; nous assisterions

alors à la dislocation de la monarchie dualiste.
Les nationalités dont elle se compose proclame-
raient leur indépendance, et Hongrie, Pologne,
Bohême, les contrées balkaniques sur lesquelles
l'Autriche a mis la main et les pays si divers
qu'elle gouverne deviendraient une proie offerte
aux appétits désordonnés de voisins ambitieux
et rapaces préparés depuis longtemps à s'y tailler
une large part.

En fait, aucune de ces hypothèses ne s'est
réalisée. Ce n'est pas la disparition du souverain
qui a été la cause de la guerre. L'ouragan a
éclaté, lui vivant, et son décès n'exercera aucune
influence sur la situation générale. Rien ne sera
changé en Europe, si ce n'est une figure impériale à laquelle, en d'autres temps, et malgré
certains souvenirs odieux qu'elle rappelle, nous
ne refusions pas nos sympathies.

Il en serait autrement si le défunt s'appelait
Guillaume II ; on pourrait alors espérer des
changements dans l'infâme politique austro-
allemande, puisqu'il ne serait plus là pour la
diriger et se faire obéir. Mais, depuis longtemps,
François-Joseph n'était plus qu'un vassal, le
vassal de l'Allemagne, et la main-mise de celle-ci
sur le cabinet de Vienne était trop solidement
établie avec la complicité de la bande hongroise

à laquelle l'Autriche est livrée pour qu'on puisse supposer que le nouvel empereur, se décidât-il à essayer de modifier la situation et de briser le joug, aurait la force d'y parvenir.

Donc, le trépas impérial n'est plus qu'un fait d'importance secondaire qui n'offre quelqu'intérêt que parce qu'il ferme un cycle historique et supprime sur le théâtre où ce cycle s'est déroulé le principal personnage. Et encore faut-il tenir compte de ce fait, que cet acteur ne figurait plus sur la scène que comme un personnage muet depuis que la guerre a ouvert un cycle nouveau au cours duquel seront changées les destinées du monde en des conditions que notre foi dans la victoire nous permet de prévoir, mais qu'aucun de nous ne saurait préciser.

Entré au mois d'août dernier dans sa quatre-vingt-septième année, atteint de symptômes de sénilité et d'affaiblissement physique et intellectuel, François-Joseph ne gouvernait plus effectivement. A la veille de la guerre, son nom couvrait les actes de ses ministres, sans qu'il fût prouvé qu'ils étaient entièrement conformes à sa volonté. En ces derniers temps, il comprenait si bien son insuffisance que, cédant aux instances de ses filles, il s'était décidé à transmettre partie de ses pouvoirs à l'archiduc héritier, et qu'il meurt à la veille du jour où devait s'opérer cette transmission.

Ce n'est pas pour atténuer ses responsabilités dans la guerre qui met aux prises le droit et la barbarie que nous constatons son impuissance à gouverner, car cette guerre, en admettant qu'il ait au dernier moment tenté de la conjurer, ce qui reste douteux, a été la conséquence de la politique astucieuse de la Maison d'Autriche, dont il a été pendant son règne de soixante-huit ans le continuateur énergique, persévérant et souvent cruel, cette politique qui a martyrisé et broyé les peuples conquis, qui a laissé périr Marie-Antoinette sans rien tenter pour la sauver, afin de faciliter l'annexion à l'empire de l'Alsace, de la Lorraine et de la Franche-Comté, et qui a fondé sa puissance dans le sang et sur les ruines.

Comme s'il eût été désigné par la Providence pour expier les innombrables forfaits des Habsbourg, nulle existence de souverain n'a été plus tragique que la sienne. La mort de son frère Maximilien à Queretaro, la démence de sa belle-sœur l'impératrice Charlotte, le drame de Meyerling où périt dans une aventure mystérieuse et romanesque son fils l'archiduc héritier Rodolphe, l'assassinat de sa femme Élisabeth de Bavière et, en dernier lieu, celui de François-Ferdinand à Sarajevo, tels sont les drames principaux de son existence impériale. Ainsi que des pierres tumulaires, ils bordent la route qu'il a parcourue et qui s'assombrit encore de la perte de ses possessions d'Italie, de ses défaites de 1866, des humiliations du traité de Prague et de la honte de l'alliance qui l'a soudé despotiquement à l'ennemi qui l'a expulsé de l'Allemagne.

Jusqu'à la guerre de 1914, sa vieillesse, le souvenir de ses malheurs, sa courtoisie naturelle, une certaine délicatesse de sentiments manifestée à propos comme, par exemple, lorsqu'il autorisait les princes Sixte et Xavier de Bourbon-Parme, officiers dans ses armées, à quitter son service pour aller s'engager dans les armées alliées, ou encore quand il s'excusait auprès d'une grande dame autrichienne, née Française, des grossiers procédés dont elle avait été victime de la part de la police viennoise, l'accueil qu'il réservait toujours à nos ambassadeurs, autant de motifs qui contribuaient à voiler à nos yeux les actes coupables que la postérité lui reprochera. Les a-t-il regrettés en descendant dans la tombe et des remords y sont-ils descendus avec lui? Nous l'ignorons et, sans doute, nous ne le saurons jamais. A-t-on remarqué que presque toujours les drames qui se déroulent dans les palais des rois sont entièrement ignorés des contemporains?

Quant à nous, nous ne saurions oublier qu'en sa qualité d'allié de Guillaume II, François-Joseph a été l'un des auteurs de la guerre, que son empire en a été le berceau et son ministère l'instrument. Qu'il l'ait voulue ou non — et comment croire qu'il ne l'a pas voulue? — il en porte la responsabilité, laquelle vient alourdir le fardeau de toutes celles qu'il avait antérieurement encourues et réveiller le souvenir de crimes antérieurs.

Le nouvel empereur d'Autriche, Charles-François-Joseph d'Este, petit-neveu du défunt, devenu prince héritier à la mort de François-Ferdinand, et âgé de vingt-neuf ans, reçoit la couronne impériale, innocent de tout ce passé. Jusqu'en juillet 1914, il aimait à témoigner de ses sympathies pour la France, et c'est surtout cela que nous savons de lui. Son mariage avec la princesse Zita de Bourbon-Parme, l'impératrice d'aujourd'hui, qu'il épousa en 1911 et qui lui a donné deux enfants, un fils et une fille, n'avait pu qu'encourager ces dispositions, car cette délicieuse femme s'est toujours souvenue qu'elle est l'arrière-petite-fille de Charles X et se plaisait à dire qu'elle avait un cœur de Française. Le dirait-elle aujourd'hui et qu'est-il advenu des sentiments que professait ouvertement le jeune ménage? Nous savons très mal dans quelle mesure est bouleversée la vieille monarchie dualiste, et ce qui se passe à la cour de Vienne est maintenant pour nous un livre fermé. Nous pouvons cependant nous rappeler que, depuis trente ans, elle est germanisée et si terriblement qu'il est douteux que l'empereur et même sa compagne n'aient pas subi la contagion au point de n'en plus pouvoir guérir.

Temps de bénédictions!!!

« Le règne de l'empereur défunt comptera dans l'Histoire comme un temps de bénédictions. » C'est en ces termes que Guillaume II, dans son télégramme au nouveau souverain d'Autriche-Hongrie, a rendu hommage à la mémoire de François-Joseph et célébré son règne. Jamais plus impudente affirmation ne s'est dressée en face de l'Histoire pour la dénaturer. Quoique le kaiser nous ait maintes fois prouvé qu'il est, comme le disait, le 5 août 1914, le tsar Nicolas à M. Paléologue, ambassadeur de France en Russie, « le mensonge en personne »,

16

on reste confondu en l'entendant caractériser
par des expressions qui tournent au grotesque,
tant elles sont contraires à la vérité la plus
éclatante, les soixante-huit années durant lesquelles son allié a porté la couronne.

Un temps de bénédictions, le règne de François-Joseph ! Pour qui? Pour lui ou pour ses
peuples? Pour répondre à ces questions, il suffit
de rappeler le passé ; il est édifiant et démons-
tratif.

François-Joseph monte sur le trône en 1848,
à l'âge de dix-huit ans. La Hongrie est en pleine
insurrection et durant plusieurs semaines il peut
craindre de se voir arracher l'un des plus beaux
joyaux de son empire. L'angoisse qu'il ressent à
ce sujet, il ne la pardonnera pas au royaume
rebelle et l'insurrection vaincue, il le martyri-
sera. En 1889, à Berlin, lorsque Bismarck,
effrayé par les progrès du socialisme, proposait
de couper court par d'impitoyables répressions
au péril qui menaçait l'Allemagne, Guillaume II
refusait d'entrer dans cette voie.

— Mon grand-père, au terme d'un règne
glorieux, aurait pu le faire s'il y avait été contraint. Mais si j'agissais de la sorte au début du
mien, on m'accuserait de l'inaugurer en massa-
crant mes sujets. Je suis prêt à recourir à toutes

les mesures qu'exigerait la défense de ma couronne, mais je suis résolu à n'y recourir qu'après avoir tout fait pour répondre aux réclamations légitimes.

On aimerait à voir François-Joseph raisonner de même vis-à-vis de la Hongrie réduite à merci. Mais cet adolescent témoigne alors d'une âme de tigre et, sous prétexte d'empêcher les insurgés de recommencer, il dresse de toutes parts des gibets. Pendaisons et fusillades se succèdent; la noblesse hongroise est décimée par les sentences des cours martiales. On se demande encore aujourd'hui comment elle a pu oublier son martyre. En la circonstance, l'oubli n'est pas à son honneur.

L'Italie n'était pas plus heureuse. Depuis longtemps, elle souffrait cruellement de la domination autrichienne, véritable joug de fer. François-Joseph, loin d'adoucir le sort de la patrie du Dante, le rend plus rigoureux et jusqu'au jour où, grâce à la France, elle est libérée, elle reste « l'asile des douleurs ». Sans parler de la Pologne dont le supplice avait commencé bien avant François-Joseph, les divers États annexés à la monarchie et soupçonnés d'être entachés de slavisme sont à tout instant l'objet de mesures préventives qui vont parfois jusqu'à la cruauté,

après qu'on les a provoquées et essayé de les
justifier par l'évocation de crimes inventés à
plaisir à l'aide de pièces fabriquées ou falsifiées
et de faux témoignages qu'on utilise en des procès scandaleux pour frapper des innocents et
terroriser le pays. Voilà ce que Guillaume II ose
appeler « un temps de bénédictions » pour les
peuples de la monarchie.

Appliquée à François-Joseph lui-même et aux
grands épisodes de son règne, l'expression est-
elle plus juste qu'elle ne l'est, appliquée à ses
sujets? Est-ce « un temps de bénédictions »
celui qui voit le souverain, en 1859, après une
guerre malheureuse, perdre la Lombardie et en
1866, lorsqu'il va combattre contre la Prusse,
payer de la cession de la Vénétie la neutralité
de la France? Est-ce « un temps de bénédictions » celui où dans une période d'un quasi
demi-siècle l'empereur est successivement frappé
par les plus affreuses catastrophes qui puissent
atteindre un homme dans ses affections et dans
son orgueil de chef de famille, catastrophes qui
permettent de dire qu'au cours de son règne la
tragédie, comme à l'époque des Atrides, a coulé
à pleins bords dans ses palais : son frère fusillé,
sa belle-sœur devenant folle, son fils perdant la
vie dans une aventure galante, sa femme assas-

sinée, comme le seront plus tard François-Ferdinand et la duchesse de Hohenberg, sa nièce la noble duchesse d'Alençon brûlée vive au bazar de la Charité, et les scandales qu'offrent au monde deux princesses de sa maison. Voilà à quels souvenirs le kaiser attache cette épithète : « temps de bénédictions ». C'est à se demander si, comme un pince-sans-rire, il n'a pas voulu se moquer du défunt, du successeur et de nous.

La question se pose notamment lorsqu'en regard de l'épithète que démentent les événements qu'elle résume, on évoque cette guerre de 1866 qui fut la plus humiliante épreuve de l'empereur d'Autriche, qui prépara sa vassalité à l'Allemagne et de laquelle l'empire des Habsbourg sortit à jamais abaissé. A peine est-il besoin d'en rappeler les origines, les péripéties et le dénouement. Le complot ourdi en 1864 par Guillaume Ier et François-Joseph contre le Danemark pour s'emparer des duchés de l'Elbe, le conflit qui éclate entre eux lorsqu'il s'agit de se partager la dépouille du vaincu et les arme l'un contre l'autre, et, après l'écrasement par la Prusse de l'armée impériale à Sadowa, le traité de Prague qui, selon la brutale expression de Bismarck, « flanque l'Autriche à la porte de

l'Allemagne », tel est le drame, un des plus
grands drames de l'histoire moderne, dont
encore à cette heure l'Autriche et l'Europe
subissent les conséquences. Bismarck l'avait
préparé, c'était un piège tendu à François-
Joseph qui y donna tête baissée, en y compro-
mettant irréparablement la réputation d'astuce
et de ruse dont avait joui jusque-là dans le
monde la maison de Habsbourg. Il fut la victime de ses calculs et de l'habileté avec laquelle
son adversaire les déjoua.

Le 24 juin 1866, huit jours avant que les
alliés de la veille en vinssent aux mains, Benedetti, ambassadeur de France à Berlin, écrivait
à Drouyn de Dhuys, ministre des Affaires étrangères à Paris :

« Si la Prusse sortait victorieuse de la guerre,
elle s'attacherait à faire prévaloir la combinaison
dont elle a arrêté le plan et qui repousse l'Autriche de l'Association ou une Confédération du
Nord ; elle retiendrait sous sa dépendance et
dans sa main toute l'Allemagne comprise entre
la Silésie et les provinces rhénanes depuis Dresde
jusqu'à Wiesbaden : l'hégémonie prussienne
serait ainsi réalisée dans les limites qu'elle com-
porte. Outre la haute main sur tous les intérêts
communs aux États associés, elle obtiendrait

l'entière disposition de la totalité de leurs forces
et aurait constitué le grand État militaire qu'elle
a toujours eu l'ambition de fonder à son profit
dans le nord de l'Allemagne. »

Benedetti ne disait pas assez. Ce n'est pas
seulement l'Allemagne du Nord que la Prusse
entendait régenter, mais toute l'Allemagne. Bismarck déclarait alors : « La mission de la Prusse
est de s'étendre. Nous devons toujours y penser.
Il faut que nos prévisions soient vastes, qu'elles
aient un large horizon. » Il inaugurait cette politique en cherchant à anéantir l'Autriche. Mais
comme il redoutait de trouver la France sur son
chemin, ainsi qu'il en a fait plus tard l'aveu,
c'est la France que, derrière l'Autriche, il visait.
Ce fut l'erreur de Napoléon III de ne pas le
comprendre alors qu'une simple démonstration
militaire sur le Rhin eût arrêté pour longtemps,
sinon pour toujours, la réalisation des projets
bismarckiens.

Du reste, en ces circonstances, la Prusse eut
un complice inattendu, lequel lui assura la victoire : ce fut le « Zundnadel », autrement dire le
fusil à aiguille. Tous les rapports militaires et
diplomatiques de cette époque s'accordent à
reconnaître que le véritable vainqueur, c'est lui.
« Les Prussiens s'en servent merveilleusement,

est-il dit dans un de ces rapports. Le nombre des blessés autrichiens s'élève, pour ces derniers jours, jusqu'à douze ou treize mille. Un seul régiment a perdu soixante officiers. » On lit dans une autre relation : « Le succès des Prussiens est dû à l'énorme supériorité de leurs fusils dont l'effet est prodigieux. Ils n'attaquent pas et ne se découvrent pas, mais tirent environ sept coups par minute à une distance plus grande que la portée des balles ennemies... L'avantage que leur donne le fusil à aiguille est tel qu'il a dépassé toutes les prévisions et pourra finalement leur assurer une victoire complète et définitive. »

Ceci était écrit le 6 juillet, loin du champ de bataille. A ce moment, l'armée austro-bavaroise, commandée par le maréchal Bénédeck, était en déroute et les Prussiens marchaient sur Vienne. On sait que la médiation proposée par Napoléon III et acceptée par Guillaume Ier les arrêta en chemin. Mais François-Joseph était vaincu et ce n'est pas la vengeance qu'il tira bassement de ce qu'il appelait à tort l'impéritie de son généralissime en le disgraciant avec brutalité qui pouvait atténuer les suites de sa défaite. A dater de ce jour, il fut mûr pour la prussification. Elle s'acheva treize ans plus tard par son alliance avec l'Allemagne qui consommait son humiliation.

Voilà à quels événements fait allusion le kaiser lorsqu'il qualifie le règne de l'empereur défunt « temps de bénédictions ». Ne semble-t-il pas qu'il serait plus juste de dire : « temps de malédictions »?

Albert Ier, roi des Belges

20 décembre 1916.

Entre les grands acteurs que la guerre a fait
surgir sur le théâtre où elle se déroule et dont
quelques-uns ont donné tant d'admirables
exemples, révélateurs de ce que peut contenir
de beauté morale l'âme humaine quand elle
s'inspire du patriotisme et du devoir, je ne vois
guère que le cardinal Mercier qui puisse être
comparé à l'héroïque roi des Belges. Parlant de
celui-ci et des hommes d'État et généraux qui
se sont illustrés à son côté par leur fidélité et
leur courage, un diplomate qui avait vécu près
d'eux, aux heures les plus sombres de l'inva-

sion, disait : « Je n'ai jamais constaté aucune
défaillance, ni au palais ni au ministère. » On
pourrait en dire autant de l'archevêque de
Malines. Dans l'attitude que, captif, il oppose
aux envahisseurs de sa terre natale, il nous
offre, comme grand patriote et comme pasteur
spirituel de tout un peuple, le même spectacle
que le roi Albert au sommet où l'a porté sa naissance. Pas plus que son souverain, le cardinal
n'a connu les heures où le cœur défaille et cesse
d'espérer, de telle sorte que, comme le roi pour
ses sujets, il a été pour ses ouailles un instrument de réconfort et de vaillance. Ce n'est pas
seulement pour le plaisir de les assimiler l'un
à l'autre que je le constate, c'est aussi pour justifier la conclusion que commande ce rapprochement, à savoir que parmi tant de personnages mis en vedette par la guerre, c'est du pays
belge, terre de souffrance et d'héroïsme fécon-
dée par le sang des martyrs, que sont issus les
deux hommes que la postérité admirera le plus, ce
prêtre et ce roi si grands dans l'infortune qui les
a sacrés à jamais et couronnés d'immortalité.

« C'est une conscience et un caractère », tels
sont les termes en lesquels il convient de définir
le second, le seul dont j'aie à m'occuper ici,
lorsqu'on examine à la lumière des événements

du mois d'août 1914. A cette heure solennelle
et tragique, devant le péril qui se dressait à
l'improviste sur son pays, il nous est apparu
supérieur à son destin, réunissant dans sa personne royale, à un degré qui le fait l'égal des
plus glorieux parmi ceux que l'histoire du passé
propose à notre admiration, l'esprit de décision
et l'énergie dans la volonté.

La barbarie en marche, d'abord rusée et
félone, puis arrogante et les poings fermés, lui
jetait cet ordre :

— Livre-nous passage et il ne sera pas fait de
mal à ton pays, sinon...

Il pouvait obéir, se ranger, laisser faire. Mais
c'eut été au prix de son honneur et de l'honneur du peuple sur lequel il règne, et ils sont
l'un et l'autre de ceux qui ne transigent pas
avec l'honneur.

— A moi les patriotes belges ! s'est-il écrié.
A moi l'armée nationale !

Et, défiant les barbares, il leur a dit :

— Si vous passez, ce sera sur des cadavres, sur
des ruines, à travers un fleuve de sang, en ter-
nissant d'une honte éternelle votre victoire
passagère. Nous sommes dix contre mille ; sans
doute, nous serons broyés, mais c'est notre résistance qui assurera notre résurrection

Roi et peuple se sont trouvés instantanément debout et unis pour marcher dans cette voie stoïque ; ils ont assez longtemps barré la route à l'invasion pour permettre à la France déloyalement attaquée de se ressaisir et de briser les plans de l'ennemi.

— Nous sommes sûrs de vaincre, avaient dit au roi des Belges, en novembre 1913, l'empereur Guillaume II et son chef d'état-major le général de Moltke. Quinze jours après l'ouverture des hostilités, nous serons à Paris.

On sait ce qu'il est advenu de cette prédiction et de tant d'autres que nous avons entendu se succéder dans la bouche des Allemands et recevoir des événements le plus humiliant démenti, tandis que l'auteur initial de ce commencement de revanche, le roi des Belges, tirait des sacrifices dont son peuple et lui l'ont payé une gloire qui restera pour toujours attachée à leur nom. Depuis ce jour mémorable, l'attitude morale du roi Albert n'a pas failli un seul instant. Ce qu'il a été au début de ce drame effroyable, il l'est toujours, égalé dans sa fermeté superbe par sa femme, l'admirable reine Élisabeth, qui n'a pas cessé, au cours de si cruelles épreuves, de se montrer digne de lui. Sur le coin de terre belge que l'ennemi

n'a pu leur prendre et où ils résident, ils attendent des lendemains réparateurs, tels des naufragés réfugiés sur un îlot de l'Océan, qui, de
leurs regards voilés de larmes, fouillent du
matin jusqu'au soir l'horizon, guettant au passage le bâtiment qui pourra les recueillir. Mais
souvent l'attente de ces naufragés est déçue,
la journée s'est écoulée sans qu'aucun navire,
ait été signalé ou, ce qui est pire, s'il en a passé
un, il ne les a pas vus. Peu à peu, ils perdent
confiance. Celle du roi et de la reine n'a pas
été ébranlée. On dirait même qu'elle puise sa
force dans l'excès de leur malheur. Soit au foyer
familial où le souverain va fréquemment passer
quelques heures, soit au quartier général d'où
il préside aux mouvements de son armée et
communique avec ses ministres établis au Havre,
ces nobles époux témoignent de la même ardente
foi dans l'avenir et dans le triomphe du droit
qui libérera leur royaume et les rendra eux-
mêmes à l'amour du peuple belge.

Voilà résumé dans les lignes qui précèdent
ce qu'on peut dire actuellement d'Albert Iᵉʳ.
Quand j'ai dû crayonner cette ébauche, je me
suis adressé à des amis qui l'ont souvent approché et je les ai priés de me parler de lui. L'un
d'eux ayant conclu de ma demande que je pro-

jetais d'écrire une biographie détaillée et complète m'a écrit :

« Pour vous donner une idée de la difficulté
de la tâche que vous entreprenez, sachez qu'il
y a plusieurs hommes dans le roi Albert : un
soldat, un vaillant soldat, le plus militaire des
souverains de l'Europe ; le monarque constitutionnel, épris d'idées larges et généreuses, pen-
ché sur le sort des humbles, comme il l'a dit
dans son discours du trône ; le colonial, qui
s'intéresse passionnément au développement du
Congo qu'il a parcouru en 1909, faisant des
étapes à pied comme un explorateur ; l'homme
de science épris de mécanique, qui eût été un
excellent ingénieur si sa naissance le lui eût
permis ; le marin qui adore la navigation et a
fondé à ses frais une école navale, l' «Ibis » ;
l'amateur de littérature et d'art, lisant beaucoup, aimant les artistes, connaissant à fond le
mouvement littéraire de la Belgique et de la
France et qui admirait le grand talent du poète
que nous avons perdu ; l'homme de devoir
enfin, l'homme de famille n'aimant rien autant
que son foyer, sa femme et ses enfants, dont il
surveille avec elle l'éducation. »

Je lis dans une autre lettre :

« Il a le souci de la précision aussi bien dans

les choses ordinaires de la vie que dans le fonc-
tionnement de sa « huit-cylindres » qu'il conduit lui-même avec une rare dextérité. Il est
observateur minutieux. Son œil si vif derrière
son lorgnon ne laisse rien échapper. Il voit le
côté sérieux de la vie ambiante ; mais le côté
plaisant le touche également, et il le prouve
parfois par une pointe de gouaillerie qui perce
dans son parler ordinairement grave et posé.
Il a horreur de toute affectation. Mais qu'on ne
s'y trompe pas : sa naturelle simplicité d'allures,
qui lui fait transgresser volontiers les règles du
cérémonial de cour, se choquerait de la réciprocité. »

Enfin, d'une troisième lettre, je détache le
passage suivant :

« On le dit timide ; c'est là le jugement de
ceux qui ne le connaissent que superficielle-
ment. Il serait plus exact de dire qu'il ne s'exté-
riorise pas, résultat de son éducation de prince
qui l'a isolé du contact permanent et familier
des jeunes gens de son âge. C'est un conducteur
de peuples, mais non un entraîneur d'hommes,
en ce sens qu'il lui manque — est-ce un défaut
pour un roi constitutionnel? — la fougue, l'en-
train, le diable au corps en un mot. Je le vois
très bien cependant s'élançant un jour sur le

pont de Dixmude, comme « un autre » le fit sur
le pont d'Arcole. »

Voilà en quelques lignes beaucoup de lumière
répandue sur une physionomie singulièrement
attrayante. Cependant, les jets de clarté qui
nous aident à la mieux voir ne font surgir aucun
trait d'où, antérieurement à la guerre, nous
aurions pu conclure que ce souverain, qui semblait fait pour parcourir paisiblement une carrière féconde et heureuse, se verrait voué tout
à coup à un destin tragique, deviendrait en
quelques instants l'un des héros du plus sombre
et du plus poignant des drames et que, dans ce
rôle si nouveau pour lui, s'élevant d'un bond
jusqu'au sublime, il occuperait la première place
parmi les défenseurs de la liberté du monde
contre la barbarie et parmi les vengeurs des
peuples qu'elle a martyrisés. Mais la vie se plaît
à ces surprises. Lorsqu'à Potsdam, il y a trois
ans, le bourreau impérial déclarait à Albert Ier
« qu'il était sûr de vaincre », il ne se doutait pas
qu'il parlait à un homme dont, jusqu'à la postérité la plus reculée, il suffira de rapprocher le
nom du sien pour rendre à jamais exécrable la
mémoire de Guillaume II et le souvenir de ses
forfaits.

FIN

Paris. — Imp. L. POCHY, 52, rue du Château. — 426-17.